W0179968

Bastelspass zum NULL TARIF

Bastelspass zum **NULL TARIF**

BASTELN, SPIELEN UND GESTALTEN
MACHT ALLEN KINDERN SPASS.
ZU HAUSE, IM KINDERGARTEN, IN
DER SCHULE.
EIN GUTES ANLEITUNGSBUCH
GEHÖRT DAZU.

SEIT MEHR ALS 30 JAHREN STEHT
DER NAME „CHRISTOPHORUS" FÜR
KREATIVES UND KÜNSTLERISCHES
GESTALTEN IN FREIZEIT UND BERUF.

GENAUSO WIE DIESER BAND
IST JEDES CHRISTOPHORUS-BUCH
MIT VIEL SORGFALT ERARBEITET:
DAMIT SIE SPASS UND ERFOLG
BEIM GESTALTEN HABEN – UND
FREUDE AN SCHÖNEN ERGEBNISSEN.

CHRISTOPHORUS
Bücher mit Ideen

Das Schachtel · Muschel · Bommel · Deckel · Rollen · Reste · Bastelbuch

Bastelspass zum NULL TARIF

Marlies Blank, Bärbel Merthan,
Monika Neubacher-Fesser,
Sonja Prohaska, Anja Ritterhoff,
Dorothea Siegert-Binder, Martha Steinmeyer

Mit Vorlagen in Originalgrösse

CHRISTOPHORUS

Inhalt

6 Bastelspaß
7 Hinweise zum Basteln
8 Basteln zum Nulltarif

10 Kleines Schachteltheater   *Pappschachtel, Wellpappe*
12 Puppenhaus   *Schachteln, Deckel, Pappröhren*
14 Lok & Rettungswagen   *Schachteln, Deckel, Pappröhren*
16 Apfelbaum-Wurfspiel   *große, stabile Schachtel, Zeitungen*
18 Schachtelfant & Schlange   *Streichholzschachteln*
20 Buntes Bilderdomino   *Streichholzschachteln, Papierreste*
22 Kasperle & Kartentheater   *kleine Schachteln, Stoffreste*
24 Masken   *Eierkartons*
26 Kirschkernspuckspiel   *Pappröhren, Kirschkerne*

28 Pinguin & bunter Vogel   *Bierdeckel, Papierreste*
30 Raumschmuck   *Tapetenreste oder Tapetenmuster*
32 Tütenmasken   *Papiertüten, Papierreste*
34 Knuddeltiere   *Zeitungen, Papierreste*
36 Flechtwerk   *Zeitungen, Farbenreste*
38 Serviettentiere   *Pappröhren, Zeitungen*
40 Kantenhocker   *Zeitungen, Papiermaché, Papierreste*
42 Starke Spardosen   *Pappröhren, Zeitungen, Dosen*
44 Lustige Räuber   *Becher, Sand, Zeitungen*

46 Vogelmarionette   *Wellpappe, Korken*
48 Verrückte Stecktiere   *Wellpappe, Papierreste*
50 Irrgärten   *Wellpappe, feste Pappe*
52 Ritterspiel   *Wellpappe, Gardine*

54 Katz-&-Maus-Spiel   *Steine, Pappe*
56 Steinpuzzle & Steintiere   *große & kleine Steine*
58 Sandbilder   *Sand, Muscheln, Farbenreste*
60 Musikstücke   *Deckel & Dose, Knöpfe & Muscheln*
62 Bunte Blätterbilder   *Blätter, Blümchen, Äste & Gräser*
64 Mäusedeko   *ausgeblasene Eier*
66 Flamingo-Mobile   *ausgeblasene Eier*

68 Lichterzauber   *Muscheln, Blechbüchsen*
70 Tierische Geschenke   *Büchsen, Papierreste*
72 Schnelle Fische   *Plastikbecher, Heftumschläge, Pappe*
74 Spaziertiere   *Schaumgummi*
76 Tischtheater-Tiere   *Schaumgummi*
78 Schmetterlings-Spiel   *Topfkratzer, Obstnetze*
80 Pompon-Tiere   *Wollreste*
82 Fingerakrobaten   *Fingerhandschuhe*

84 Vorlagen

108 Die Autorinnen
108 Impressum

Bastelspaß

Vorwort

Basteln macht Spaß! Und wenn's nichts kostet und totzdem tolle Sachen entstehen, ist der Spaß noch größer! Dinge, mit denen Kinder – und auch Erwachsene – zum Nulltarif basteln können, gibt es genügend. Man braucht bloß ein bißchen erfinderisch zu sein und die Augen offenzuhalten.

- In jedem Haushalt bleiben alle möglichen Reste übrig. Auch an Verpackungsmaterial kommt einiges zusammen. Vieles von alldem ist zu wertvoll und zu schade zum Wegwerfen. Wenn Kisten für verschiedene Materialien bereitgestellt werden, macht es Kindern bestimmt Spaß zu sammeln und zu sortieren.
- Wer selbst nicht genügend Material zu Hause hat, weil er sehr viel oder mit ganzen Kindergruppen bastelt, kann sich an verschiedene Geschäfte und Firmen in der Umgebung wenden. Oft geben sie gerne Verpackungen, Reste oder ausrangierte Muster ab. Aber melden Sie Ihr Interesse frühzeitig an!
- Nicht zuletzt hält auch die Natur einiges an Material bereit, mit dem sich gut basteln läßt!

Auf den Seiten 8 und 9 finden Sie eine Übersicht über kostenlose Dinge, die es zu sammeln lohnt, und Hinweise zu Bezugsquellen.

Und dann kann's auch schon losgehen mit dem Bastelspaß: Dieses Buch bietet Ihnen jede Menge Bastelvorschläge. Aus Schachteln und Rollen, Bechern und Bommeln, aus Tüten und Tapeten, Pappe und Zeitungspapier, aus Steinen, Sand und Muscheln, Knöpfen, Netzen und allerlei Resten werden im Nu lustige Spiele und Spielsachen für Kleine und Große, tolle Deko und originelle Geschenke.

Bestimmt werden Sie und Ihre Kinder beim Basteln angeregt, sich neue Dinge aus kostenlosem Material auszudenken.

Viel Spaß und Erfolg und gute neue Ideen beim Basteln zum Nulltarif!

Hinweise zum Basteln

Papiermaché

Papiermaché eignet sich sehr gut als Bastelmaterial: Es ist vielfältig einsetzbar und kann leicht selbst kostenlos hergestellt werden.

- Am weitesten verbreitet ist Papiermaché aus Zeitungsschnipseln: Zeitungspapier in Stücke reißen, in angerührten Tapetenkleister geben, gut vermengen und durchweichen lassen.
- Aus gerissenen Eierkartons kann man eine stabilere, gröbere Masse herstellen. Die Kartonteile zunächst am besten über Nacht in Wasser einweichen, ausdrücken und dann in Kleister einweichen. Diese Masse eignet sich gut für grobe Grundformen. Mit feinerem Papiermaché können sie ausgeglichen und ausgestaltet werden.
- Aus Toilettenpapier und Kleister entsteht eine sehr feine Masse, die man zum Ausgleichen von Unebenheiten, aber auch zum Modellieren kleiner, zarter Formen verwenden kann: Toilettenpapier Lage für Lage in Kleister geben, so lange, bis sich alles zu einer geschmeidigen Masse verbindet. Nun noch etwas durchkneten.

Die modellierte Masse kann nach dem Trocknen noch glattgeschliffen werden. In einem verschließbaren Behälter läßt sich Papiermaché auch länger, das heißt ein bis zwei Wochen, aufbewahren. Immer mal wieder durchkneten, eventuell mit Kleister anfeuchten, um ein Austrocknen zu verhindern.

Vorlagen übertragen

Wer die Objekte aus diesem Band genau nacharbeiten möchte, kann die einzelnen Motive aus dem Vorlagenteil übernehmen. Zunächst wird das Motiv mit Bleistift auf Transparentpapier durchgepaust. Dann gibt es verschiedene Möglichkeiten weiterzuarbeiten:

- Entweder die Pause auf dem ausgewählten Papier oder Karton leicht befestigen. Graphitpapier mit der beschichteten Seite nach unten zwischen die beiden Lagen schieben und das Motiv nachzeichnen.
- Oder die gezeichneten Linien auf der Rückseite des Transparentpapiers mit einem weichen Bleistift schwärzen. Das Transparentpapier dann mit der Rückseite nach unten auf dem jeweiligen Karton oder Papier fixieren, und das Motiv mit einem harten Bleistift nachziehen.
- Bei Karton genügt es, wenn man das Transparentpapier einfach auflegt und die Formen des Motivs mit einem Stift durchdrückt.
- Wenn Motive mehrfach verwendet werden, empfiehlt es sich, eine Schablone aus Zeichenkarton auszuschneiden. Diese auflegen und umreißen.

Basteln zum Nulltarif

Im Haushalt

In jedem Haushalt gibt es Reste und Verpackungsmaterialien, die es lohnt zu sammeln:

- Schachteln von Schuhen, Lebensmitteln, Kosmetik, Haushaltsgeräten, auch einzelne Deckel
- Eierkartons
- Papprören von Toilettenpapier und Küchenkrepp
- Papprücken von Kalendern, Zeichenblöcken
- Zeitungen, Zeitschriften, Kalenderblätter, Werbebeilagen und -broschüren
- Reste von Geschenkpapier und Bändern
- Tapetenreste
- Verpackungsmaterial wie Pappe und Wellpappe, Papiertüten, Styropor, Schaumgummi, Obst- und Gemüsenetze
- Korken
- Dosen und Becher von Lebensmitteln
- Reste von Gardinen, Stoffen, Borten
- Wolle, Garne, Knöpfe
- alte Handschuhe und Socken
- Heftumschläge
- Reste von Farben

In Geschäften und Firmen

Fragen Sie in Geschäften und Firmen aus Ihrer Umgebung nach: Viele geben gerne Reste von Verpackungen, Material, Mustern ab.
Schauen Sie auch bei Fabrikverkäufen rein, zum Beispiel bei einer Seilerei oder in einer Stoffabrik. Hier können Sie, wenn vielleicht auch nicht kostenlos, so doch sehr günstig Material bekommen.

Große und kleine Schachteln, Wellpappe und Verpackungsmaterial:

- Oft geben Schuhgeschäfte und Versandhausagenturen Schuhkartons ab.
- Bei Elektrohändlern und in Möbelhäusern bleiben besonders große Schachteln von Verpackungen und Füllmaterial (Wellappe, Schaumgummi, Styropor) übrig.
- Schauen Sie in Abfallbehältern für Umverpackungen, die in größeren Geschäften aufgestellt sind, ob Sie etwas Geeignetes finden.
- Längere, stabile Papprören erhalten Sie in Stoffgeschäften.

Dosen:

- In Großküchen können Sie Blechdosen, vor allem größere, bekommen.

Korken:

- Korken gibt es in Restaurants.

Papier:
- Maler und Tapetengeschäfte verfügen oft über alte Musterbücher von Tapeten. Diese enthalten farblich fein abgestimmte Tapetenstücke, die sich sehr gut zum Basteln eignen. Dünne Tapeten sind leichter zu verarbeiten!
- In Druckereien kann man alle möglichen Papier- und Kartonreste erhalten.

Stoff, Wollreste und Schaumgummi:
- In Stoffgeschäften, vor allem wenn dort Schneider arbeiten, können Sie nach Stoffresten fragen.
- Garngeschäfte haben oft Wollreste oder Musterknäule.
- In einer Polsterei oder einer Matratzenfabrik bleiben Schaumgummi und anderes Stopfmaterial übrig.
- Dünnes Schaumgummi gibt es auch als Abfall im Obst- und Gemüseladen; zum Beispiel Weintrauben werden mit Schaumgummi stoßsicher verpackt.

Handschuhe:
- Alte Handschuhe findet man schon für ein paar Pfennig auf dem Flohmarkt. Bei den Fundsachen in Schulen und Kindergärten sind häufig auch Handschuhe dabei.

In der Natur

Halten Sie die Augen offen, wenn Sie mit Ihren Kindern in der Natur sind: wenn Sie einen Spaziergang machen, wenn Sie im Urlaub am Strand, im Wald, im Gebirge sind. Hier gibt es einiges, womit man basteln kann:
- Steine, in besonders reicher Auswahl in Kiesgruben
- Blätter, Äste und Baumfrüchte
- Gräser und Blüten, die sich gut pressen lassen
- Federn
- Muscheln und Sand

Aber achten sich auch auf „Lebensmittelabfälle", die sich zum Basteln eignen, zum Beispiel:
- Kokosnüsse
- Schalen von ausgeblasenen Eiern

Kleines Schachteltheater

Ein Schachteltheater fürs Kinderzimmer und für die Reise.
Schachtel auf – das Theater beginnt. Schachtel zu – fertig!

Material
- *Pappschachtel*
- *Wellpappe*
- *Wollreste*
- *Tonpapierreste*
- *Farbenreste*
- *Bindfaden*

Hilfsmittel
- *Schere*
- *Zackenschere*
- *Cutter*
- *Pinsel*
- *Klebstoff*
- *Lineal*
- *Locher*
- *Pfennigstück*

Vorlagen
Siehe Seite 84:
Baum 1; Wolke 2;
Figuren 3; Hund 4;
Löwe 5;
Krokodil
6a – 6c

Bastelanleitung

1. Um eine Schachtel als Tischtheater aufstellen zu können, in das lange Seitenteil eine Öffnung, ähnlich zwei Fensterläden, schneiden: Dazu oben und unten einen langen Schnitt anbringen, jeweils 3 cm von den Rändern entfernt. In der Mitte einen senkrechten Schnitt vom oberen zum unteren Einschnitt machen.
2. Die Schachtel jetzt auf die nach außen geklappten „Läden" und die untere Deckelklappe stellen; eventuell auf die gleiche Höhe schneiden. Die „Läden" vorne und die Deckelklappe an den Seiten je einmal lochen. Rechts und links einen Faden durchziehen. Läden und Deckel zusammenbinden.
3. Wiese und Himmel aufmalen. Eine Wolke aus Wellpappe ausschneiden, weiß anmalen und in den Himmel kleben. Blumen aus Locherpunkten auf die Wiese setzen.

4. Einen Baum aus Wellpappe ausschneiden. Hinten eine Lasche, 27 x 2 cm groß, zum Aufstellen ankleben. Mit einem Pfennigstück als Schablone aus Tonpapier Äpfel ausschneiden und aufkleben.
5. Fingerpuppen aus Wellpappe ausschneiden. Für die Zähne des Krokodils eine Zackenschere verwenden. Die Faltlinien ritzen, dann die Fingerpuppen falten und zusammenkleben.
6. Locherpunkte als Augen und Münder aufkleben. Kasper und Gretel bekommen Haare aus Wolle. Für die Löwenmähne einen Kreis aus Wellpappe mit 6 cm Ø ringsum einschneiden, Barthaare aus schwarzem Papier anbringen.

Auch andere Pappe ist für die Fingerpuppen geeignet. Die Figuren können nach Belieben variiert oder mit Farben ausgestaltet werden.

Puppenhaus

Ein tolles Haus für Barbiepuppen. Da macht das Einrichten Spaß.
Und natürlich auch das Spielen.

Material
- große Schachtel
- Schachteln in verschiedenen Größen
- Deckel
- Pappröhren, z. B. von Toilettenpapier oder Küchenrollen
- Korken
- Bastelspieße
- Reste von Gardinen, Stoff, Tweed
- Geschenkbändchen
- Geschenkpapier
- Bild für den Fernseher
- Tonpapierreste
- Farbenreste

Hilfsmittel
- Tapetenkleister
- Klebstoff
- Pinsel
- Bleistift
- Schere
- Cutter
- Locher
- Lineal

Puppenhaus

Bastelanleitung

1. In die beiden Seitenwände einer großen Schachtel je ein Fenster, 16 x 20 cm groß, mit zwei Klappläden schneiden. Die Falzlinien für die Fensterläden eventuell einritzen. Fensterläden später von beiden Seiten grün anmalen.
2. Die obenliegende Seitenwand der Schachtel auf 12 cm zurückschneiden.
3. Geschenkpapier nach den Wandmaßen zuschneiden. Diese „Tapete" mit Kleister aufkleben. Überstehendes Papier abschneiden, und Fensteröffnungen anbringen.
4. Von den beiden schmalen Seiten eines Schuhkartondeckels den Rand und die angrenzenden Ecken abschneiden. Als Fensterbretter unter die Fenster kleben.
5. Zwei Gardinenstücke, 15 x 21 cm groß, auf einen Bastelspieß schieben. Für die Übergardinen vier Stoffreste, 12 x 25 cm groß, zuschneiden. Oben einen Saum, 2 cm breit, umkleben. Den Stoff beidseitig auf die Stange schieben und jeweils mit einem halben Korken befestigen. Die Korken oberhalb des Fensters ankleben. Die Übergardinen mit einem Bändchen zusammenhalten.

Puppenmöbel

Bastelanleitung

1. Aus verschiedenen Schachteln, Deckeln und Pappröhren Möbel herstellen: Die einzelnen Elemente einfach zusammenkleben und anmalen.
2. Für den Fernseher ein Bild, zum Beispiel aus einer Zeitschrift, in der entsprechenden Größe zuschneiden, die Ecken abrunden. Das Bild aufkleben. Schwarze Locherpunkte als Bedienungsknöpfe anbringen.

Die Einrichtung ist leicht zu ergänzen, zum
Beispiel können aus weiteren Pappröhren ein
Bett und aus einem kleinen Karton ein
Schrank „gezimmert" werden.

Lok & Rettungswagen

Eine tolle Lok für kleine Lokomotivführer. Und, jederzeit bereit, ein Rettungswagen. Alles aus Pappe, aber ganz schön stabil.

Material

Lok

- Deckel einer Kinderschuh-schachtel
- kleine Schachtel
- Schachteldeckel
- 5 Pappröhren
- Wellpappe
- 2 Bastelspieße
- Farbenreste

Rettungswagen

- 2 Schuhschachteln
- 2 Zigarettenschachteln
- Deckel einer Saftflasche
- 2 Pappröhren
- Papierrest in Weiß
- Farbenreste

Hilfsmittel

- Pinsel
- Filzstift in Schwarz
- Klebstoff
- Tapetenkleister
- Klebeband
- Schere
- Cutter
- Lineal
- Bleistift

Lok

Bastelanleitung

1. Wellpappe in 4 cm breite Streifen schneiden, mit Tapetenkleister bestreichen und zu zwei 7 cm dicken Rollen formen. Diese schwarz anmalen, ebenso den Deckel eines Kinderschuhkartons, eine kleine Schachtel und ein rechteckig zugeschnittenes Stück aus einem Schachteldeckel als Dach.

2. Vier Pappröhren rot und zwei etwa 2 cm breite Stücke einer Pappröhre innen gelb und außen grün anmalen.

3. Die kleine schwarze Schachtel als Schnauze auf dem schwarzen Deckel befestigen. Die vier roten Rollen dahinter als Säulen aufkleben, das schwarze Dach daraufsetzen. Die grünen Rollen vorne als Lichter anbringen.

4. Seitlich jeweils vorne und hinten an zwei sich gegenüberliegenden Punkten Löcher für die Radachse stechen, zwei Bastelspieße durchschieben. Räder aufstecken, mit etwas Klebstoff fixieren, und die überstehenden Spieße abschneiden.

Rettungswagen

Bastelanleitung

1. Einen Schuhkarton an den Ecken einer Schmalseite etwa 7 cm tief einschneiden, das Seitenstück unten mit dem Cutter einritzen und als Kühlerhaube umklappen. Mit Klebestreifen innen befestigen.

2. Seitenfenster ausschneiden: das vordere Fenster nach vorne etwas schräg, das hintere Fenster folgt mit einem Abstand von 1,5 cm.

3. Die hintere Seite des Schuhkartons als Heckklappe ganz ausschneiden. Dann ein Fenster heraustrennen. Die Klappe mit Klebeband am Deckel anbringen. Den Deckel auf den Wagen setzen und den vorne überstehenden Teil abschneiden.

4. Den Deckel eines etwas schmaleren Schuhkartons auf etwa 8 cm Länge kürzen, hellblau anstreichen und als Sitzbank in den Wagen kleben. Zwei Zigarettenschachteln ebenfalls hellblau anmalen und als Lehnen auf die Bank kleben. Den Deckel einer Saftflasche mit Klebeband als Lenkrad befestigen.

5. Zwei Pappröhren halbieren, innen und außen schwarz anmalen und als Räder unter das Auto kleben.

6. Zwei Nummernschilder, 6 x 1,5 cm groß, aufkleben. Drei rote Kreuze, 4 x 4 cm groß, an die Seiten kleben. Ein größeres Kreuz, 7,5 x 7,5 cm, auf dem Dach des Autos anbringen.

Aus umgedrehten Kartons kann man noch tolle Anhänger für die Lok bauen oder auch ein Feuerwehrauto.

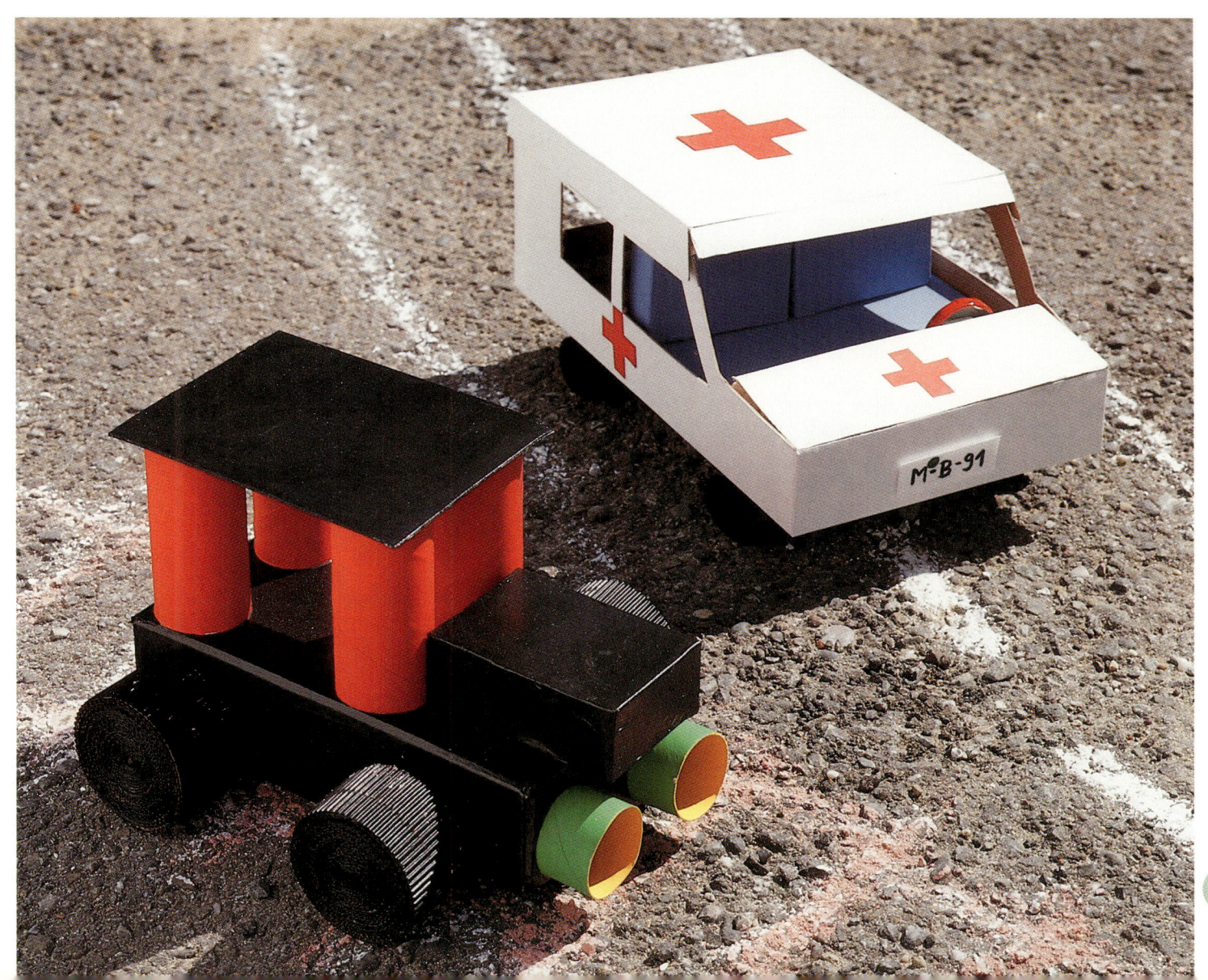

Apfelbaum-Wurfspiel

**Ein Wurfspiel für drinnen und draußen.
Wer hat wohl die meisten Treffer?**

Material
- *möglichst große, stabile Schachtel*
- *Zeitungen*
- *Tonpapierreste in Grün*
- *Farbenreste in Grün, Rot*

Hilfsmittel
- *Bleistift*
- *Cutter*
- *Tapetenkleister*
- *Unterteller*
- *Pinsel*
- *Filzstift in Dunkelgrün*

Vorlagen
*Siehe Seite 84:
Blätter 7a, 7b*

Bastelanleitung

1. Einen möglichst großen Baum aus der Seitenwand einer großen, stabilen Schachtel ausschneiden. Die restlichen Wände auf eine Höhe von etwa 17 cm kürzen.

2. Mit einem Unterteller als Schablone drei bis vier Löcher in den Baum schneiden. Hinten einen Pappstreifen als Stütze anbringen.
Die Baumkrone und das untere Kartonteil grün anmalen.

3. Aus Zeitungen und etwas Tapetenkleister verschieden große Äpfel formen und trocknen lassen. Das dauert zwei bis drei Tage. Dann die Äpfel rot anmalen. Aus Tonkarton grüne Blätter schneiden und mit grünem Filzstift die Adern aufmalen. Die Blätter an die Äpfel kleben.

Große Schachteln kann man im Elektrohandel oder in anderen Geschäften mit großformatigen Waren bekommen. Am besten frühzeitig ankündigen, daß man Interesse hat!

Schachtelfant & Schlange

Ganz schön beweglich sind die zwei: der Marionettenelefant und die lange Schachtelschlange, die in ihrem Bauch sooo viel Platz hat.

Material

Elefant
- 52 Streichholz-
  schachteln
- Klebeband
- Angelschnur
- 3 Bastelspieße
- 6 Perlen
- Wollrest in Grau
- Tonpapierrest
  in Schwarz
- Farbenreste in Grau

Schlange
- 16 Streichholz-
  schachteln
- Käseschachtel
- Tonpapierrest
- Klebeband
- Farbenreste in Grün

Hilfsmittel
- Pinsel
- Schere

Marionettenelefant

Bastelanleitung

1. Streichholzschachteln aufeinanderkleben: für den Körper dreimal fünf und zweimal vier Schachteln, für den Kopf zweimal vier, für die Beine viermal vier Schachteln und als Füße jeweils eine Schachtel um 1,5 cm versetzt.
2. Die „Türme" der Abbildung entsprechend mit Klebeband aneinanderfügen. Den Kopf so an den Körper kleben, daß er nach vorne kippen kann.
3. Für den Rüssel drei Schachteln längs aneinanderfügen, mit Klebeband am Kopf befestigen.
4. Den Elefanten grau streichen.
5. Einen Schwanz aus grauer Wolle ankleben, Locherpunkte aus schwarzem Tonpapier als Augen aufkleben.
6. Eine Angelschnur als Marionettenfäden anbringen: an allen vier Füßen zur Außenseite hin, am Rüssel ganz vorne, am Körper ganz hinten und am Kopf vorne in der Mitte.
7. Für das Marionettenkreuz drei Bastelspieße zusammenkleben. Die Enden jeweils mit Perlen versehen, damit die Fäden nicht abrutschen. Dann die Fäden anknoten: die vier Füße an die Enden der zwei Querstreben, das Hinterteil ans hintere Ende, den Kopf an die erste Verkreuzung der Streben, den Rüssel ganz vorne.

Schachtelschlange

Bastelanleitung

1. 16 Streichholzschachteln im Abstand von 0,5 cm auf ein Klebeband nebeneinanderkleben. Als Kopf eine Käseschachtel anbringen.
2. Die Schlange grün anmalen, Zunge und Augen ankleben. Mit bunten Punkten oder Sternchen aus Papierresten verzieren.

Schachtelschlangen sind ganz schön praktisch: In den vielen Schubladen lassen sich geheime, kleine Dinge aufbewahren. Eine Schlange aus 24 Schachteln ist ein toller Adventskalender. Und beim Spielen mit Schachtelschlangen kommen Kinder auf immer neue Ideen: Denn beweglich sind die Schlangen außerdem.

Buntes Bilderdomino

Bei diesem bunten Bilderdomino aus Streichholzschachteln können auch schon kleine Kinder mitspielen.

Material
- *Streichholzschachteln*
- *Reste von Ton- oder buntem Fotokopierpapier*
- *Reste von weißem Papier*

Hilfsmittel
- *Filzstift in Schwarz*
- *Bleistift*
- *Buntstifte*
- *Klebstoff*
- *Schere*
- *Lineal*

Bastelanleitung

1. Aus farbigem Papier 10 x 5,3 cm große Rechtecke schneiden, und die Streichholzschachteln damit bekleben.
2. Auf weißes Schreibmaschinenpapier 2,4 x 3,3 cm große Rechtecke aufzeichnen. Darauf die Umrisse der einzelnen Bildmotive zeichnen. Alle Motive sollen mehrfach vorhanden sein. Die Motive mit Buntstiften anmalen.
3. Die Rechtecke ausschneiden. Jeweils zwei Bilder auf eine Streichholzschachtel kleben.

Spielidee

Alle Schachteln werden gleichmäßig unter die Mitspieler verteilt. Ein Spieler legt eine Schachtel in die Mitte. Wer ein passendes Motiv hat, kann seine Schachtel anlegen.

Die Schachteln können auch mit bunten Bildern aus Zeitschriften beklebt werden.

kasperle & kartentheater

Aus der Karte oder aus dem Schächtelchen kommt
ein Kasper und grüßt ganz herzlich.

Material
- Streichholzschachteln
- Reste von Modelliermasse oder feinem Papiermaché
- Bastelspieß oder Zahnstocher
- Stoffreste, sehr dünn, z. B. Futterseide, Tüll, Vlies
- Geschenkpapier- oder Packpapierreste
- Geschenkband
- etwas Watte, Wolle oder Hanf
- Klappkarte oder Fotokarton, 15 x 20 cm

Hilfsmittel
- Klebstoff
- Tapetenkleister
- Schere
- Cutter
- Lineal

Schachtelkasper

Bastelanleitung

1. Einen kleinen Puppenkopf aus Modelliermasse oder möglichst feinem Papiermaché (siehe Seite 7) formen. Der Kopf darf nicht dicker sein als die Öffnung der Streichholzschachtel. Fest auf einen Spieß stecken, und nach dem Trocknen ankleben.
2. Unterhalb des Kopfes sehr dünnen Stoff, etwa 6 x 8 cm groß, gerafft um den Stab kleben. Eine Schleife darüberbinden. Haare aus Watte, Wolle oder Hanfschnur und eine Mütze oder ein Kopftuch aufkleben.
3. Die fertige Puppe in die Schachtel stecken. Die untere Stoffkante der Puppe außen auf der Streichholzschachtel, 1 cm breit, festkleben. Die Schachtel mit Geschenkpapier beziehen.

Für ein Schachteltheater mit größeren Puppen sind Seifen- oder Kosmetikschachteln gut geeignet.

Kartentheater

Bastelanleitung

1. Aus Modelliermasse oder feinem Papiermaché (siehe Seite 7) einen kleinen Kopf, etwa 1 cm Ø, mit Hals und großer Nase formen und fest auf einen Zahnstocher stecken.
2. Dünnen Stoff oder Geschenkpapier, 6 x 6 cm groß, gerafft an den Hals kleben. Eine kleine Schleife hält alles fest zusammen. Haare aus Wolle oder Watte und eine Papiermütze anbringen – fertig ist die kleine Kasperpuppe.
3. Mit einem Cutter in eine Klappkarte oder ein gefaltetes Stück Fotokarton, 15 x 20 cm groß, einen Ausschnitt, 5 x 5 cm, schneiden. Anschließend 0,5 cm über den oberen Ecken jeweils ein Loch stechen. Einen Stoffrest, 6 x 6 cm groß, zuschneiden. Die obere Kante 1 cm breit umkleben, auf einen Zahnstocher schieben und in die Löcher stecken. Das ist der Theatervorhang.
4. Einen passenden Hintergrund auf ein Stück Pappe aufmalen und in den Kartenausschnitt kleben. Den unteren Rand dabei nicht festkleben. Hier wird der Kasper durchgesteckt.

Masken

Für Kinderfeste und Verkleidungsspiele: phantastische Masken aus Eierkartons.

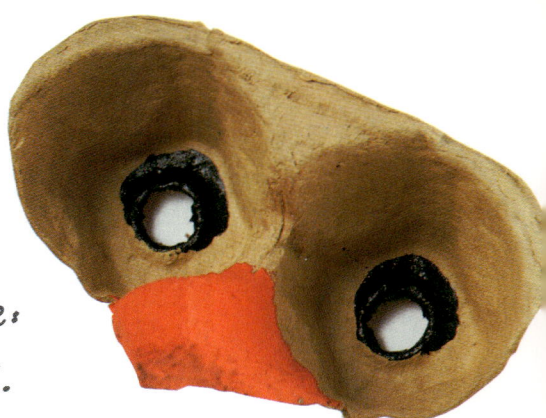

Material
• *Eierkartons*
• *Gummiband*
• *verschiedene Farbenreste*

Hilfsmittel
• *Pinsel*
• *Schere*
• *Cutter*

Vorlagen
*Siehe Seite 84:
Segelohren 8;
Schweinsohren 9*

Hörner & Nasen

Bastelanleitung

Hörner: Die höheren, spitzen Teile eines Eierkartons abschneiden. Rot bemalen. An zwei gegenüberliegenden Seiten kleine Löcher stechen, Gummiband, etwa 40 cm lang, durch die beiden Hörner ziehen und verknoten.

Nasen: Verschiedene Formen aus Eierkartons ausschneiden. Für den Schweinerüssel zwei Nasenlöcher einschneiden. Entsprechend der Abbildung bemalen. Zwei Löcher stechen, ein Gummiband, etwa 30 cm lang, anknoten.

Ohren

Bastelanleitung

Segelohren: Aus einem Eierkartondeckel Ohren so ausschneiden, daß sie einen Knick haben. Hautfarben bemalen. An der geraden Seite oben und unten kleine Löcher stechen, ein Gummiband, etwa 40 cm lang, druchziehen und verknoten.

Schweinsohren: Aus einem Eierkartondeckel Ohren so herausschneiden, daß die Spitzen einen Knick haben. Die Ohren zusammenkleben. Rosa anmalen. An den Enden kleine Löcher stechen, Gummiband, etwa 30 cm lang, durchziehen und verknoten.

Halbe Maske

Bastelanleitung

Aus den Eierkartons entsprechend den Abbildungen Formen ausschneiden und bemalen. Ebenfalls mit Gummibändern versehen. An zwei Seiten kleine Löcher stechen, Gummiband, etwa 30 cm lang, durchziehen und verknoten.

Nicht alle Eierkartons haben die gleiche Einteilung. Große Kartons ohne Deckel ergeben ganz andere Nasen, Halbmasken, Ohren und Hörner. Solche großen Eierkartons finden sich bei jedem Händler, der die Eier einzeln verkauft.

Kirschkernspuckspiel

Wer trifft am besten und wird Meister beim Kirschkernspucken?

Material
- *Pappröhren*
- *Kirschkerne*
- *Tonpapierreste in verschiedenen Farben*
- *verschiedene Farbenreste*

Hilfsmittel
- *Schere*
- *Klebstoff*
- *Pinsel*
- *Filzstift in Schwarz*

Vorlagen
Siehe Seite 84:
Affe 10

Bastelanleitung

1. Pappröhren von Toilettenpapier oder Küchenrollen auf unterschiedliche Höhen abschneiden, dabei eine Röhre besonders lang lassen.
2. In verschiedenen Farben erst von außen, dann von innen anmalen.
3. Die Röhren aneinanderkleben, dabei die niedrigeren nach vorne nehmen.
4. Aus braunem Tonpapier Affenkörper ausschneiden, Gesichtsformen aus hellgrauem, Punktezettel aus buntem Papier ausschneiden.
5. Mit einem schwarzen Filzstift Gesichter aufmalen und Punktzahlen auf die Zettel schreiben. Gesichter aufkleben, und den Affen die Punktezettel in die Hand drücken.
6. Die Affen in die Röhren setzen.

Spielidee

Die Kinder versuchen der Reihe nach, aus einer zuvor festgelegten Entfernung Kirschkerne in die Röhren zu spucken. Es gewinnt, wer die höchste Trefferzahl hat.

Die Röhrenformation mit den Kletteraffen eignet sich auch als praktische Stiftebox für den Schreibtisch.

Pinguin & bunter Vogel

Munter schlagen die beiden mit den Flügeln:
der Pinguin und sein bunter Freund.

Material
- *Bierdeckel*
- *Fotokartonreste in Gelb, Orange*
- *Schreibmaschinenpapier*
- *Farbenreste in Schwarz, Rot, Pink*
- *Briefklammern*

Hilfsmittel
- *Filzstift in Schwarz*
- *Klebstoff*
- *Schere*
- *Pinsel*
- *Lineal*
- *Lochzange*

Vorlagen
Siehe Seite 84:
Schnabel 11; Füße 12;
Weste 13; Kopffedern 14

Bastelanleitung

1. Für jeden Vogel einen Bierdeckel zur Hälfte durchschneiden.

2. Zwei ganze Bierdeckel und die beiden Hälften für den Pinguin beidseitig schwarz, für den bunten Vogel rot und pink bemalen. Auf dem Vogelbauch nach dem Trocknen der Grundfarbe rote Tupfer anbringen.

3. Das Bauchteil für den Pinguin und die Augen aus weißem Papier ausschneiden und aufkleben.

4. Die Köpfe ankleben. Die Pupillen mit schwarzem Filzstift aufmalen. Füße, Schnäbel und Federbüschel aus Fotokarton ausschneiden und aufkleben.

5. Fügel und Körper lochen, dann die Flügel mit Briefklammern am Körper anbringen.

Raumschmuck

Aus Tapetenresten lassen sich dekorative Dinge zaubern:
Bilderrahmen für ganz persönliche Bilder.
Oder Fische und Blumen als Raum- und Fensterschmuck.

Material
- *Tapetenreste oder -muster*
- *unifarbenes Papier*
- *Reste von Transparent-papier*

Hilfsmittel
- *Klebstoff*
- *Schere*
- *Bleistift*
- *Zirkel oder Tassen, Unter-tassen, Pfennigstücke*
- *Lineal*
- *Nadel*
- *Faden*

Vorlagen
Siehe Seite 84:
Aufhänger 15a, 15b ;
Fischschwanz 16a, 16b;
Flossen 17a – 17d;
Blumen 18a, 18b

Bilderrahmen

Bastelanleitung

1. Tapetenreste Rücken an Rücken gegeneinanderkleben. Ein Quadrat, etwa 35 x 35 cm groß, zuschneiden.
2. Das Quadrat viermal falten und jedesmal wieder öffnen: Zunächst jeweils die einander gegenüberliegenden Ränder aufeinanderlegen, so daß die Faltlinien ein Kreuz bilden. Dann jeweils zwei Ecken aufeinanderlegen, so daß ein diagonales Kreuz entsteht.
3. Alle vier Ecken zum Mittelpunkt hin falten.
4. Die Ecken zum Rand legen, dann diese Faltung wieder öffnen.
5. Die hierbei entstandenen Faltlinien auf die Seitenkanten legen, die Ecken ragen über das Quadrat hinaus. Die Ecken bündig wieder nach innen, danach zum äußeren Rand falten.
6. Einfarbiges Papier so zuschneiden, daß es in den Rahmen paßt. Ein Bild in den Rahmen kleben.
7. Aus dem restlichen Tapetenpapier einen Aufhänger schneiden, mit Klebstoff fixieren.

Fische & Blumen

Bastelanleitung

1. Für jeden Fischkörper zwei gleich große Kreisformen mit etwa 8 bis 12 cm Ø ausschneiden. Bei beiden Kreisformen einen Schnitt von außen bis zur Mitte anbringen.
2. Die Schnittkanten der Körper übereinanderschieben, bis eine kegelförmige Erhebung entsteht, mit Klebstoff fixieren.
3. Kleine Schuppen, Streifen, Kreise und Augen ausschneiden und aufkleben.
4. Fischschwanz und Flossen jeweils doppelt ausschneiden. Die Teile gegeneinanderkleben.
5. Auf den innenliegenden Körperrand Klebstoff auftragen, Schwanz und Flossen ankleben, das zweite Körperteil gegenkleben, vorsichtig festdrücken.
6. Blumen jeweils doppelt ausschneiden, Transparentpapier dazwischenkleben.
7. Mit einer Nadel den Faden zum Aufhängen durchziehen.

Maler- und Raumausstattungsgeschäfte verfügen häufig über alte Tapetenbücher, die sie gern verschenken. Hier finden sich sehr reizvolle Kollektionen farblich aufeinander abgestimmter Tapetenbögen, die sich für Bastelzwecke hervorragend eignen. Dünne Tapeten auswählen, sonst wird das Falten zu schwer!

Tütenmasken

Maske auf – und schon hat die Verwandlung geklappt. Wer wohl in dem Löwen und dem Hasen, in dem Papagei und dem Küken steckt?

Material
- *Papiertüten*
- *Wellpappreste*
- *Papierreste in verschiedenen Farben*

Hilfsmittel
- *Schere*
- *Klebstoff*
- *Bleistift*

Vorlagen
Siehe Seite 84:
Papagei 19a – 19c;
Löwe 20a, 20b;
Küken 20a;
Hase 20b, 21a – 21c

Bastelanleitung

1. Die Öffnungen für die Augen einzeichnen und ausschneiden.
2. Die Formen aus farbigem Papier ausschneiden und die einzelnen Masken gestalten.
3. Für die Mähne des Löwen ein Wellpapprechteck, etwa 12 x 40 cm groß, rundum 10 cm tief einschneiden.
4. Für den Schnabel des Kükens Papier doppelt legen und zwei Dreiecke, etwa 10 x 17 cm groß, zuschneiden

Bedruckte Tüten großflächig bekleben oder auf die linke Seite drehen.

Knuddeltiere

Eine lustige Verpackung: Das Geschenk in Zeitungspapier wickeln und als Riesenfrosch verschenken. Aber auch als Raumschmuck werden Knuddeltiere heiß geliebt.

Material
- *Zeitungen*
- *Seiden-, Geschenk- oder Packpapier*
- *Reste von Fotokarton oder Tonpapier*
- *Farbenrest in Weiß*

Hilfsmittel
- *Bleistift*
- *Klebefilm*
- *Klebstoff*
- *Schere*
- *Filzstift in Schwarz*

Vorlagen
Siehe Seite 84:
Maus 22a – 22f;
Frosch 23a – 23c;
Bär 24a – 24d;
Rabe 25a – 25d;
Elefant 26a – 26e;
Schnecke 27;
Schildkröte 28a – 28d;
Fisch 29a – 29e;
Eule 30a – 30f;
Käfer 31a – 31d

Bastelanleitung

1. Für ein Knuddeltier, das als Raumschmuck verwendet wird, drei große Bögen Zeitungspapier zu einem Ball knüllen.
2. Den Zeitungsball mit Seiden-, Geschenk- oder Packpapier in einer passenden Farbe umwickeln. Das Papier an der Unterseite der Kugel mit Klebefilm fixieren.
3. Die einzelnen Formen für jedes Tier aus Fotokarton oder Tonpapier ausschneiden. Die Tiere gestalten.
4. Die Gesichter mit schwarzem Filzstift aufmalen. Die Augen bekommen Glanz durch einen weißen Tupfer auf der Pupille.

Jedes Knuddeltier kann in beliebiger Größe hergestellt werden, man braucht nur entsprechend viel Zeitungspapier zusammenzuknüllen. So lassen sich auch „unförmige" Geschenke gut verpacken.

Flechtwerk

Schön und praktisch: Dinge aus geflochtenen,
bunt bemalten Zeitungsstreifen.

Material
• *Zeitungen*
• *Farbenreste*

Hilfsmittel
• *Tapetenkleister*
• *Pinsel*
• *Schere*
• *Plastikunterlage*

Bastelanleitung

1. Tapetenkleister anrühren. Plastik-
folie unterlegen, und jeweils eine ganze
Zeitungsseite mit Kleister einstreichen.
Von der langen Seite her zu einem 2,5 cm
breiten Streifen falten.

2. Die noch feuchten Streifen mit einem
Abstand von etwa 0,5 cm auf die Unter-
lage legen, die anderen Streifen nach
und nach einflechten, ebenfalls mit
einem Abstand von 0,5 cm.

3. Wenn ein Streifen zu Ende ist und ein
anderer angesetzt werden muß, die beiden Streifen übereinanderlegen und mit
Tapetenkleister zusammenkleben. Vor
dem Bemalen gut trocknen lassen (etwa
zwei Tage). Die Flechtarbeiten nicht zum
Trocknen in die Sonne oder auf die Hei-
zung stellen, da sie sich sonst verziehen
und verbiegen.

Untersetzer: Jeweils vier Streifen in
Länge und Breite miteinander ver-
flechten.

Tablett: Zwölf Streifen für die Länge,
fünf für die Breite und drei für den Rand
bereitlegen. Nach dem Flechten des
Bodens alles noch einmal mit Kleister
einpinseln und festdrücken. Nun für den
Rand einen Streifen aufstellen, und die
Streifen vom Boden darunter und darüber
flechten, oben knicken, am unteren Rand
abschneiden.

Körbchen: Jeweils vier Streifen für die
Länge und die Breite und einen Streifen
für die Höhe nehmen. Wie beim Tablett
flechten.

Henkelkörbchen: Drei Streifen für die
Länge und die Breite, zwei Streifen für
den Rand flechten (siehe Tablett). Auf
zwei gegenüberliegenden Seiten den mitt-
leren Streifen lang lassen, zu einem Hen-
kel nach oben biegen und übereinander-
kleben.

Kleine Körbchen eignen sich nicht nur für
Obst oder zum Aufbewahren von
Kleinigkeiten, sondern auch als
Osterkörbchen.
Übrigens: Solch ein Flechtwerk hält mehr
aus, als man denkt.

Serviettentiere

Tiere als Serviettenringe:
Da wird jedes Essen und jedes Fest fröhlicher.

Material
- *Pappröhren*
- *Papiermaché*
- *Tapetenkleister*
- *Zeitungen*
- *Toilettenpapier*
- *weiße Wandfarbenreste*
- *verschiedene Farbenreste*
- *evtl. Klarlack oder Haar-spray*

Hilfsmittel
- *Schleifpapier*
- *Pinsel*

Bastelanleitung

1. Eine 3 cm breite Pappröhre (von Toilettenpapier) mit Zeitungspapier-stücken und Kleister fest bekleben.
2. Einen Tierkopf aus Zeitungspapier-maché (siehe Seite 7) formen, auf die beklebte Rolle setzen und an die Form des Ringes anpassen. Mit Zeitung und Leim am Ring festkleben.
3. Etwas Zeitung in den Ring stopfen, damit er im nassen Zustand nicht durch die Last des Kopfes zusammengedrückt wird. Dann alles trocknen lassen.
4. Unebenheiten anschließend mit Toilettenpapier, das mit Kleister getränkt wurde, ausgleichen.
5. Nach dem Trocknen glatt schleifen, weiß grundieren und bunt bemalen.

Die Serviettenringe sind haltbarer, wenn sie mit Klarlack oder Haarspray fixiert werden.

Kantenhocker

Diese lustigen Gestalten fühlen sich auf jedem Regalbrett und jedem Schränkchen wohl.

Material
- *Zeitungen*
- *Kleister*
- *Reste von Geschenkpapier oder Packpapier oder farbige Papierservietten*
- *Papiermaché*
- *Toilettenpapier*
- *Farbenreste*

Hilfsmittel
- *Schleifpapier*
- *Pinsel*

Bastelanleitung

1. Ganze Zeitungen ein paar Stunden oder über Nacht in Wasser einweichen. Eine Lage Zeitung auswringen. Sie läßt sich durch zwei rechtwinklige Knicke leicht in Form bringen. So auf eine Kante setzen, daß die Figur, die daraus entstehen soll, genug Sitzfläche hat und nicht aus dem Gleichgewicht gerät.

2. Das Tier Stück für Stück aus Zeitungspapiermaché (siehe Seite 7) aufbauen und formen. Am Anfang aus einfachen Formen den Körper ausarbeiten, dann Arme, Kopf, Füße und verschiedene Details ansetzen.

3. Haben die Tiere ihre endgültige Form, werden sie getrocknet. Danach mit einer Masse aus Toilettenpapier und Kleister Unebenheiten ausgleichen.

4. Wenn die Tiere bemalt werden sollen, nach dem Trocknen glattschleifen. Man kann sie aber auch mit diversen Papierresten wie farbigen Servietten, gefärbten Packpapieren, Geschenkpapieren ausgestalten. Dazu die Papiere in kleinere Stücke reißen und mit Kleister aufkleben.

Starke Spardosen

Die lustigen bunten Spartiere freuen sich jedesmal, wenn sie gefüttert werden. Und der Pinguin wackelt vor Begeisterung hin und her, kippt um, kommt aber gleich wieder hoch.

Material
- *Luftballon oder Dosen, Becher, Schachteln*
- *Pappröhren*
- *Zeitungen*
- *Drahtstück*
- *verschiedene Farbenreste*

Hilfsmittel
- *Tapetenkleister*
- *Gips*
- *Cutter*
- *Pinsel*
- *Klebeband*

Luftballons oder Schachteln, alte Dosen, große Joghurtbecher oder Margarinebecher eignen sich hervorragend als Grundform für alle möglichen Spardosen aus Papiermaché. Hier sind der Fantasie keine Grenzen gesetzt.

Bastelanleitung

1. Zeitungen zerreißen, mit Tapetenkleister einstreichen und einweichen. Zum Modellieren der Grundform eine Dose, einen Becher oder einen Luftballon bereitlegen.
2. Für die Beine zwei oder vier Stücke von Pappröhren, zum Beispiel von Toilettenpapier, so mit Klebestreifen unter die Form kleben, daß sie richtig steht. Für dünnere Beine Röhren längs durchschneiden und in sich zusammenrollen, dann mit Klebeband festkleben.
3. Bei den Beinen beginnend, die Grundform mit den eingekleisterten Zeitungsfetzen in zwei bis drei Schichten umhüllen. Der Kopf ergibt sich entweder aus der Form des Ballons oder wird extra geformt und aufgesetzt: Aus fest zusammengeknüllter Zeitung eine Kugel formen, die sich in einen Tierkopf verwandeln läßt. Auch den Kopf mit eingekleisterten Zeitungsstücken ankleben.
4. Nach dem Trocknen mit einem scharfen Cutter einen Sparschlitz hineinschneiden, etwa 4 bis 5 cm lang.
5. Das Tier nun mit weißer Deckfarbe grundieren und nach dem Trocknen lustig bemalen.

Fall-Um-Pinguin: Hierfür einen eiförmigen Luftballon verwenden. Nach dem Modellieren den oberen Teil mit einem Cutter abschneiden. In diese Öffnung etwas Gips gießen, damit das Tier immer wieder aufstehen kann. Den Kopf aus Papiermaché (siehe Seite 7) oder aus geknüllter Zeitung formen und auf die Öffnung kleben.

Langhals-Monster: Für die Grundform eine Margarineschachtel mit Deckel und eine längere Pappröhre, zum Beispiel von Alufolie, Küchenfolie oder Backpapier, nehmen. In die Dose oben ein Loch schneiden, so daß die Röhre mit etwas Druck hineinpaßt. Die Röhre darf nicht auf dem Boden aufsitzen, da sonst das Geld „im Halse steckenbleibt".
Die Röhre mit Kleisterstreifen befestigen, und das ganze Tier mit eingekleisterten Zeitungsstücken bekleben. Für den Kopf um die Maulöffnung herum eine Schicht Zeitung anbringen. Große „Krötenaugen" formen.
Als Schwanz ein Stück Draht in Kleisterzeitung wickeln, so daß er sich immer wieder verbiegen läßt.

Lustige Räuber

Die lustigen Räuber sind recht vielseitig: als Spielfiguren beim Tischtheater, als nette Geschenke und origineller Raumschmuck. Und mit neun Räubern kann man Kegeln spielen.

Material
- *Joghurt- oder Sahnebecher*
- *Sand*
- *Zeitungen*
- *Reste von Wolle, Fell, Papier, Leder, Stoff, Metall Knetwachs*
- *Farbenreste*

Hilfsmittel
- *Tapetenkleister*
- *Pinsel*

Bastelanleitung

1. Zum Modellieren der Räuber einen Plastikbecher als Grundform nehmen. Damit er besser steht, einen Eßlöffel Sand einfüllen.

2. Dickflüssigen Kleister anrühren. Eine Zeitungsseite damit einstreichen, zu einer Kugel von etwa 6 cm Ø formen. Diese Kugel als Kopf auf die Becheröffnung setzen.

3. Weitere Zeitungsseiten mit Kleister bestreichen, in handtellergroße Stücke reißen. Becher und Kopf damit bekleben, um eine stabile Verbindung zwischen beiden zu schaffen. Bevor eine neue Lage Zeitungspapier gelegt wird, die Form immer wieder mit Kleister bestreichen. Insgesamt drei bis vier Lagen auftragen.

4. Mit einem kleinen Stück gekleisterter Zeitung kann eine Nase geformt werden. Mit Knetwachsresten läßt sie sich auch nachträglich gestalten.

5. Die Figur gut austrocknen lassen. Kopf und Rumpf bunt bemalen. Die Augen aufmalen oder auch aus Papier aufkleben.

6. Die Figuren als Räuber gestalten: mit Haaren und Bärten aus Fell- oder Wollresten, mit Umhängen, Säcken, Mundtüchern aus Stoffresten und Leder, mit Waffen aus Papier- oder Metallstückchen.

Wer sich weitere Spielfiguren für ein Tischtheater wünscht, kann auf die gleiche Weise leicht eine Prinzessin, einen Polizisten, einen Kasper oder Zauberer basteln. Für ein Kegelspiel lassen sich auch bestens ganz einfache Kegel herstellen. Als Kugel leistet ein Tennisball gute Dienste.

Vogelmarionette

Elegant und gewandt kommt der große Vogel einhergeschritten.

Material
- *Wellpappe*
- *4 Korken*
- *Tapetenkleister*
- *2 schmale, dünne Kanthölzer, ca. 15, 20 cm lang*
- *Tonpapierreste in Schwarz*

Hilfsmittel
- *Pinsel*
- *Schere*
- *Lineal*
- *Angelschnur*
- *Nadel*
- *Locher*

Vorlagen
*Siehe Seite 84:
Füße 32; Kopf 33;
Flügel 34; Federn 35;
Schnabel 36*

Auch Karton und nicht zu starke Pappe eignen sich für eine Vogelmarionette. Wer Lust hat, kann den Vogel farbig gestalten unddie einzelnen Teile anmalen.

Bastelanleitung

1. Für den Körper einen Wellpappstreifen mit 7 x 30 cm Länge zu einer Röhre mit einem Umfang von 10 cm Ø zusammenkleben (dazu um ein Glas legen). Für den Kopf einen 3 x 25 cm langen Streifen zu einer Röhre von 6,5 cm Ø formen.
2. Die Beine jeweils aus vier Streifen, 4 x 17 cm lang, rollen. Für den Hals drei Rollen aus 4 x 30 cm langen Streifen wickeln. Die Streifen vor dem Rollen jeweils mit Tapetenkleister einstreichen. Gut trocknen lassen.
3. Die Schnabelform zweimal aus Wellpappe ausschneiden, biegen und beide Teile zusammenkleben.
4. Füße viermal ausschneiden. Dabei darauf achten, daß sie gegengleich sind. Mit Tapetenkleister aufeinanderkleben.
5. Sechs Federn und zwei Seitenteile für Kopf und Flügel gegengleich ausschneiden. Die Federn mehrmals bis zur Mitte einschneiden.
6. Unten an der Kopfröhre zwei Löcher einstechen, eine 60 cm lange Angelschnur von oben durch beide Löcher ziehen, doppelt nehmen, die Rollenstücke für den Hals auffädeln; dabei jeweils eine 0,5 cm dicke Scheibe Kork dazwischenfügen. Zuvor ein Loch in die Scheiben

stechen. Die Schnur von oben in die Körperröhre ziehen und innen verknoten.
7. Ein 1 m langes Stück Schnur oben am Kopf anbringen und doppelt hochführen.
8. Flügel, Federn, Kopfseitenteile und Schnabel aufkleben. Als Augen zwei Korkscheiben, als Pupillen Locherpunkte aus schwarzem Tonpapier aufkleben.
9. In die Mitte der Füße mit einem Abstand von 1 cm zwei Löcher stechen. Jeweils ein 80 cm langes Stück Schnur von unten durchfädeln und doppelt nach oben führen, durch die Beinrollen ziehen, dazwischen immer eine Scheibe Kork einfügen. Die Angelschnur oben um den Körper binden.
10. Zwei weitere Schnüre mit einer Länge von 50 cm durch die Flügelenden fädeln. Zwei Schnüre, etwa 1,20 m lang, an den Beinen verknoten.
11. Aus zwei Kanthölzern ein Kreuz bilden, mit Schnur fixieren, und die Fäden anknoten: den Faden des Kopfes ans vordere Ende, die Fäden der Flügel ans hintere Ende, die Fäden der Füße an die Querstreben des Kreuzes. Dabei die Länge der Schnüre regulieren.

Verrückte Stecktiere

Ein Krokoaffe, ein Girdil und ein Elemel: Merkwürdige Tiere treten hier auf. Wer steckt wohl das lustigste Tier zusammen?

Material
- *Wellpappe*
- *Tonpapierreste in Schwarz, Weiß, Braun*
- *verschiedene Farbenreste*

Hilfsmittel
- *Tapetenkleister*
- *Klebstoff*
- *Pinsel*
- *Schere*
- *Zackenschere*
- *Nagelschere*
- *Locher*

Vorlagen
Siehe Seite 84:
Krokodil 37a – 37e;
Löwe 38a – 38c;
Kamel 39a – 39c;
Giraffe 40a – 40c;
Elefant 41a – 41c

Bastelanleitung

1. Jede Form zweifach aus Wellpappe zuschneiden, einmal jeweils gegengleich. Dabei darauf achten, daß die Wellen gleich verlaufen. Enge Rundungen eventuell mit einer kleinen Nagelschere ausschneiden, die Zähne des Krokodils mit einer Zackenschere.

2. Tapetenkleister etwas dicker anrühren, die gegengleichen Teile zusammenkleben. Nach dem Trocknen in den entsprechenden Farben anmalen.

3. Dem Elefanten, dem Löwen und dem Kamel schwarze Locherpunkte als Augen aufkleben.
Die Giraffe bekommt Augen und eine Fellzeichnung aus braunem Tonpapier.
Das Krokodil hat weiße Augen mit einer schwarzen Pupille.
Der Elefant erhält weiße Stoßzähne.

4. Nun können die einzelnen Teile nach Belieben ineinandergesteckt werden. Und der verrückte Zoo ist fertig!

Spielidee

- Stecktiere können „wie es sich gehört" oder ganz normal zusammengesteckt werden. Und jedes Kind stellt sein Tier vor: den Girfant, das Krokomel und das Eledil . . .
- Umgekehrt kann sich auch ein Kind ein bestimmtes Tier von einem Mitspieler wünschen . . .

Stecktiere können genausogut aus Karton und Pappe hergestellt werden. Wenn's um Formen und Farben geht, darf man der Fantasie freien Lauf lassen.

Irrgärten

Welcher Finger oder welche Murmel findet den schnellsten Weg durch die Irrgärten? Beim bunten Labyrinth ist's besonders spannend: Hier sind die Enden der Stege beweglich – wie bei einem Flipperspiel.

Material
- *Wellpappe*
- *feste Pappe*
- *verschiedene Farbenreste*

Hilfsmittel
- *Pinsel*
- *Klebstoff*
- *Tapetenkleister*
- *lange Stecknadeln*
- *Schere*
- *Lineal*
- *Wäscheklammern*

Irrgarten in Naturfarben

Bastelanleitung

1. Jeweils zwei etwa 40 cm lange und 2,5 cm breite Wellpappstreifen mit Tapetenkleister aufeinanderkleben und trocknen lassen. Dabei eventuell die Enden mit einer Wäscheklammer fixieren.

2. Einen Irrgarten auf eine etwa 23 x 26 cm große Pappe zeichnen, und die Streifen nach und nach aufkleben. Beim Trocknen mit Stecknadeln fixieren.

Bunter Irrgarten

Bastelanleitung

1. Jeweils zwei etwa 50 cm lange und 2 cm breite Wellpappstreifen mit Tapetenkleister aufeinanderkleben und trocknen lassen. Dabei die Enden eventuell mit Wäscheklammern fixieren.

2. Die Streifen bunt anmalen und dann in verschieden lange Abschnitte schneiden.

3. Ein Stück Pappe, etwa 23 x 26 cm groß, blau streichen.

4. Einen Irrgarten auf die Pappe zeichnen, und die Streifen nach und nach aufkleben. Dabei die Enden auf einer Länge von 4 bis 6 cm nicht befestigen. Sie sollen beweglich bleiben. Die Streifen zum Trocknen mit Stecknadeln fixieren.

Spielidee

Ein Spieler bestimmt Eingang und Ausgang des Irrgartens, ein anderer versucht, mit seiner Murmel – oder auch mit den Fingern – den schnellsten Weg zu finden. Verläßt eine Murmel den Irrgarten durch einen falschen Ausgang, ist die Runde für diesen Spieler beendet.

Da die Endstücke des bunten Irrgartens beweglich sind, können die Wege immer wieder verändert werden – entweder vor einer neuen Spielrunde oder während die Murmel unterwegs ist.

Auch in den Deckel einer Schuhschachtel läßt sich gut ein Labyrinth einbauen. Als Wegbegrenzung eignen sich Pappe, dicke Kordel, Knöpfe, Äste, Stäbe oder ein kunterbunter Materialmix.

Ritterspiel

Ritterspiele machen Kindern Spaß.
Und die passende Kleidung ist schnell hergestellt.

Material
- *Wellpappe*
- *Gardinenrest*
- *evtl. Ösen*
- *dickes Band oder Borte*
- *Farbenrest in Gold*

Hilfsmittel
- *Schere*
- *Cutter*
- *Tacker*
- *Lineal*
- *Pinsel*
- *Klebstoff*
- *Tapetenkleister*
- *Teller*
- *Nadel*
- *Faden*
- *Wäscheklammern*

Vorlagen
Siehe Seite 84:
Ritterrüstung 42a;
Wappenlöwe 42b

Ritter

Bastelanleitung

1. Die Rüstung zweimal doppelt gegengleich ausschneiden, die Wellen laufen längs. Mit Kleister zusammenkleben und trocknen lassen. Wäscheklammern helfen beim Fixieren. An den Schulterstücken und Seitenrändern Löcher anbringen, eventuell mit Ösen verstärken. Bänder zum Zusammenbinden durchziehen.

2. Für den Schild zwei Rechtecke, 27 x 43 cm groß, ausschneiden, die Ecken abrunden. Mit Kleister gegeneinanderkleben und trocknen lassen. Außen lochen, eventuell mit Ösen verstärken. Ein Band doppelt durchziehen.

3. Löwen aus Wellpappe schneiden, golden anmalen. Nach dem Trocknen auf die Rüstung und den Schild kleben.

4. Für das Schwert zwei gegengleiche Streifen, 56 cm lang, unten 3,5 cm, oben 5 cm breit, schneiden; an beiden Enden abrunden. Mit Kleister aufeinanderkleben. Einen Wellpappstreifen, 11 x 20 cm, zu einer länglichen Röhre kleben. Nach dem Trocknen mit dem Cutter einen Schlitz in die Röhre schneiden, hier das Schwert durchziehen. Mit Klebstoff fixieren. Zwei 20 cm lange, 4 cm breite Wellpappstreifen, die an einem Ende schmal auslaufen, aufrollen und zusammenkleben. In Gold anmalen und an die Enden des Griffes kleben.

5. Für den Helm ein Wellpapprechteck zuschneiden, 40 cm hoch, in der Länge dem Kopfumfang des Kindes entsprechend mit 4 cm Zugabe. Der Länge nach vier gleiche Teile markieren; in der Höhe das obere Drittel kennzeichnen. Dort mit einem Teller als Schablone vier Spitzbögen einzeichnen und zuschneiden. In Augenhöhe ein Rechteck von 12 x 17 cm ausschneiden.
Die Spitzen des Helmes zusammentackern. Die Seiten zusammenkleben.

Die Ritterrüstung läßt sich genauso aus jedem anderen nicht zu dicken Karton herstellen. Man kann sie auch farbig gestalten. Wie wäre es zum Beispiel mit einem schwarzen Ritter oder einem feurigroten?

Burgfräulein

Bastelanleitung

1. Als Rock eine Gardine zuschneiden. Einen etwas dickeren doppelten Faden, etwa 90 cm lang, 1 cm von der oberen Kante entfernt zweimal durchziehen. Den Rock zusammenziehen und mit den Enden der Fäden binden.

2. Einen Gürtel (Taillenumfang) aus Wellpappe golden anmalen. Nach dem Trocknen an den Enden lochen, eventuell mit Ösen verstärken, mit einem Band zubinden.

3. Für den Spitzhut ein Wellpapprechteck ausschneiden, 41 cm hoch, in der Länge dem Kopfumfang entsprechend. Zu einer Tüte formen, unten zusammentackern und den Rand in Form schneiden. Ein Stück Gardine mit einer Ecke an die Spitze des Hutes tackern.

4. Einen Wellpappstreifen, 8 cm hoch, in der Länge dem Kopfumfang entsprechend mit 2 cm Zugabe zuschneiden. Zacken, 2,5 x 3 cm, ausschneiden. In Gold anmalen, zusammentackern und von oben auf den Spitzhut schieben oder als Krone aufsetzen.

5. Einen 0,5 cm breiten Ring aus Wellpappe anfertigen. Als „Stein" einen Wellpappstreifen, 4 cm x 20 cm, zuschneiden. An einer Seite spitz zulaufen lassen. Den Streifen mit Tapetenkleister einstreichen und von der breiten Seite aufrollen. In Gold anmalen und auf den Ring kleben.

Katz-&-Maus-Spiel

Hier gibt's Spiel und Spaß mit Katz und Maus.

Material
• *Steine*
• *Wollreste in Grau*
• *3 Pappröhren*
• *Pappdeckel,
  ca. 20 x 30 cm*
• *Reste von Tonpapier in
  verschiedenen Farben*
• *Farbenreste in Schwarz,
  Orange*

Hilfsmittel
• *Pinsel*
• *Schere*
• *Klebstoff*
• *Filzstift in Schwarz*
• *Locher*
• *Lineal*
• *2-DM-Stück*
• *10-Pfennig-Stück*

Vorlagen
*Siehe Seite 84:
Katze 43a – 43f; Maus 44;
Dach 45; Käse 46*

Katze & Mäuse

Bastelanleitung

Katze: Eine Pappröhre außen und nach dem Trocknen innen schwarz anmalen. Ohren, Schwanz, Beine und Barthaare aus schwarzem, Bäckchen aus hellgrauem und Augen aus grünem Tonpapier ausschneiden. Schwarze Locherpunkte als Pupillen aufkleben. Alle Teile an die Röhre kleben. Barthaare aus Tonpapierstreifen befestigen.
Mäuse: Aus grauem Tonpapier Ohren ausschneiden und auf ovale, etwa 4 cm lange Steine kleben. Locherpunkte als Augen und Nase aufkleben. Einen etwa 15 cm langen, grauen Wollfaden als Schwanz anbringen.

Spielfeld

1. Einen Pappdeckel orange anmalen. Mit schwarzem Filzstift diagonal unterteilen. Die Ecken mit einem Kreis versehen, dazu ein 2-DM-Stück als Schablone nehmen. Schwarz ausmalen. Auf den Linien im Abstand von 1 cm mit Hilfe eines 10-Pfennig-Stücks vier schwarze Kreise einzeichnen.

2. Für jede Maus ein Haus anfertigen. Dazu jeweils die Hälfte einer Pappröhre nehmen. Eine Tür hineinschneiden. Die Röhre von außen schwarz anmalen. Aus Tonpapier Dächer in verschiedenen Farben ausschneiden, zusammenkleben und auf den Röhren anbringen.
3. Aus gelbem Tonpapier ein Käsestück ausschneiden und lochen, falten und zusammenkleben.

Spielidee

• Jedes Kind wählt eine Maus und eine Hausfarbe. Der Käse kommt in die Mitte des Spielfeldes, die Häuschen werden in den Ecken plaziert und die Mäuse in die Häuser gesetzt. Die Kinder würfeln reihum mit einem Farbenwürfel. Wenn die dem Dach entsprechende Farbe erscheint, darf die dazugehörige Maus zum Käse ziehen. Welche Maus ist am schnellsten dort?
• Die Mäuse werden mit den Schnauzen zueinander in der Mitte des Tisches plaziert und an den Schwänzen festgehalten. Ein Kind versucht, die Mäuse zu fangen, indem es die Katze über die Mäuse stülpt. Die anderen Kinder ziehen ihre Mäuse an den Schwänzen weg. Ob die Katze wohl eine Maus erwischt?

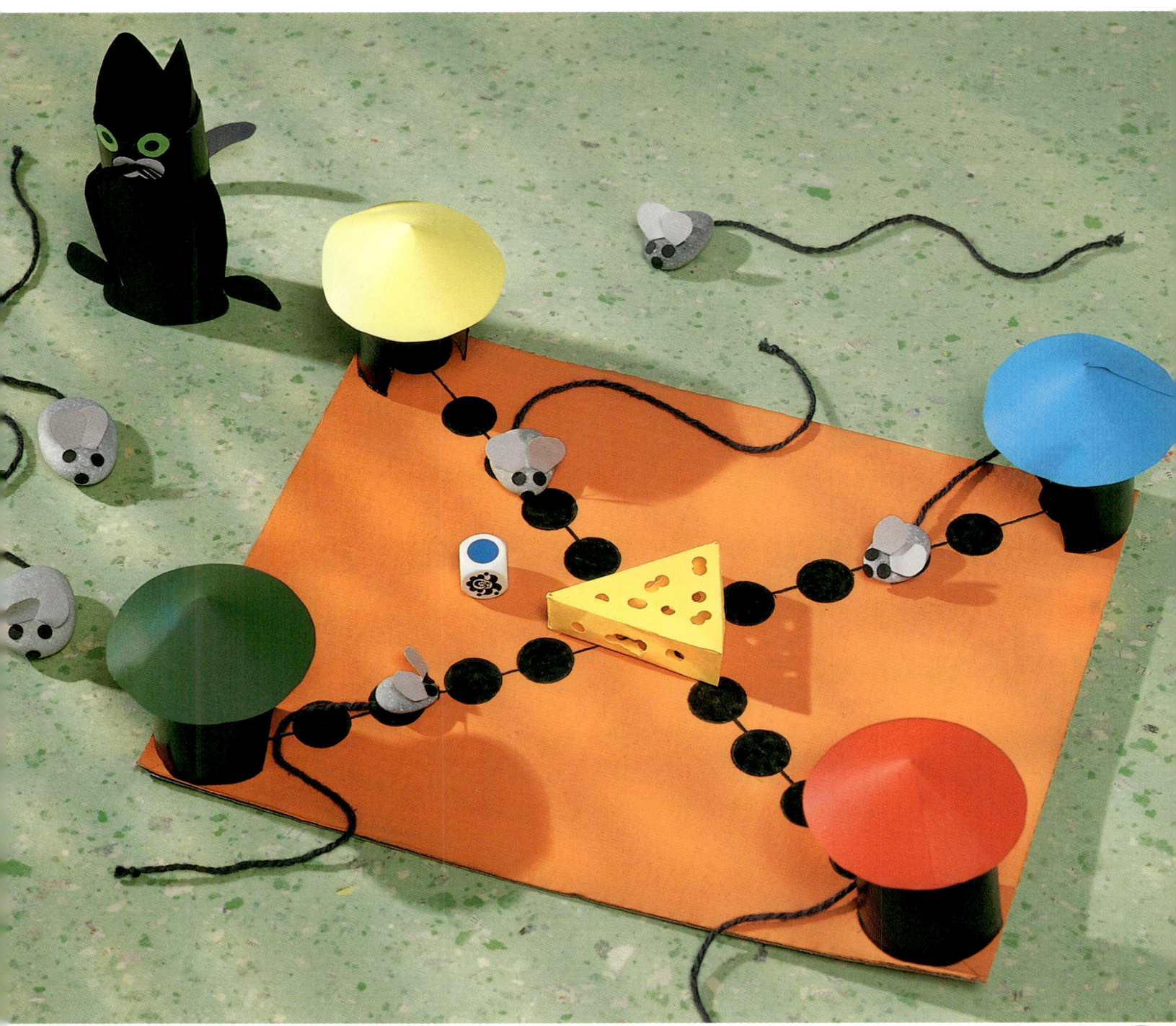

Steinpuzzle & Steintiere

Kein Stein gleicht dem anderen. Und jedes Steintier
ist etwas Besonderes. Eine Geschenkidee für gute Freunde.

Material
- *Steine*
- *Farbenreste*
- *Klarlackrest*

Steinpuzzle
- *Obstnetz*
- *Schleifenband*

Steintiere
- *Bindfaden*
- *Federn*
- *Lederreste*
- *Filzreste*
- *Tonpapierreste*

Hilfsmittel
- *Pinsel*
- *Klebstoff*
- *Schere*

Steinpuzzle

Bastelanleitung

1. Einen zerbrochenen Stein mit allen
Einzelteilen sorgfältig waschen und
trocknen.
2. Die Teile der Form entsprechend
anmalen. Auf der Abbildung ist ein drei-
teiliger Marienkäfer zu sehen. Andere
Steine ähneln auch anderen Tieren. Die
Puzzlestücke können aber auch einfach
bunt bemalt werden.
3. Nach dem Trocknen alle Teile
lackieren.
4. Wenn das Steinpuzzle verschenkt werden soll, setzt man es zusammen. In
einem Obstnetz, das mit einer bunten
Schleife zusammengebunden wird, kann
man es gut überreichen.

Steintiere

Bastelanleitung

Den Stein entsprechend seiner Form als
Tier gestalten:
1. Für Schnurrhaare drei Bindfäden
zusammenlegen und in der Mitte verknoten.
2. Ohren aus Lederresten ausschneiden,
Schwänzchen aus Lederstreifen oder mehreren Bindfäden gestalten.
3. Für einen Schweinerüssel eine Kreisform aus Filz- oder Lederresten ausschneiden. Zwei Punkte als Nasenlöcher
aufmalen. Leder oder Filz kreisförmig als
Ringelschwänzchen aufkleben.
4. Vögel mit Federn gestalten.

In Kiesgruben gibt es eine Vielfalt
unterschiedlicher Steine. Auch zerbrochene
sind hier schnell gefunden.

Sandbilder

Eine Erinnerung an die Ferien am Meer: Bilder aus buntem Sand und Muscheln. Jedes ein kleines Kunstwerk für sich.

Material
- *Sand*
- *Kleister*
- *Farbenreste*
- *Wasser*
- *dicke, feste Pappe*
- *Muscheln*

Hilfsmittel
- *Spachtel*
- *Löffel*
- *kleiner Eislöffel*

Bastelanleitung

1. Tapetenkleister anrühren und quellen lassen. Kleister in ein Plastikgefäß geben, und Farben dazumischen. Nach und nach so viel Sand hinzufügen, daß eine feste Masse entsteht.

2. Mit dem gefärbten Sand auf der Pappe ein Bild gestalten. Den Sand mit einem Spachtel glattstreichen.

3. Kleine Motive mit einem Eislöffelchen auftragen und in Form streichen. Muscheln in den Sand drücken.

Auch Steinchen, Holzstäbchen, Schlüsselchen und andere kleine „Fundstücke" lassen sich in eine Sandcollage einbauen.
Als Untergrund für Sandbilder eignen sich übrigens auch die Rückwände von Glasbildträgern.

Musikstücke

Wir machen Musik – mit Knöpfen, Muscheln, Kokosnüssen.
Da staunt der Profi.

Material
- *Pappdeckel*
- *Blechdose*
- *Knöpfe*
- *Muscheln*
- *Kokosnuß*
- *Gries*
- *Bastelspieße*
- *2 Perlen*
- *Lederrest*
- *Schraube*
- *dünne Kordel*
- *Band in Schwarz*
- *Farbenreste in Schwarz, Braun*
- *Korken*

Hilfsmittel
- *Klebstoff*
- *Pinsel*
- *Cutter*
- *Dosenöffner*
- *Sandpapier oder Feile*

Tamburin

Bastelanleitung

1. Einen runden Deckel, etwa 25 cm Ø, zum Beispiel von einem Waschmittelkarton, braun anmalen.
Nach dem Trocknen mit schwarzen Ornamenten verzieren. 3 cm vom Deckelrand entfernt mit dem Dosenöffner Löcher anbringen.
2. Schwarze Bänder durch die Löcher ziehen und an der Innenseite verknoten. An das andere Bandende Knöpfe knoten. Die Bänder mit den Knöpfen sind 15 bis 20 cm lang.

Muschelstäbe

Bastelanleitung

1. Fünf Muscheln mit einem Dosenöffner durchstechen, eventuell auch anbohren.
2. Die Muscheln auf einen Bastelspieß stecken. An beiden Enden Perlen anbringen und mit etwas Klebstoff fixieren.

Kokosnußtrommel

Bastelanleitung

1. Die Ränder einer halben Kokosnuß mit etwas Sandpapier oder einer Feile abschleifen. Den Umfang der Nuß auf der Rückseite eines Lederstücks aufzeichnen und mit etwa 3 cm Zugabe rundum ausschneiden.
2. Am Rand des Leders ringsum Löcher stechen, die etwa 2 cm auseinanderliegen. In die untere Mitte der Nuß eine 3 cm lange Schraube drehen.
3. Nun das Leder über die Nuß ziehen. Eine Kordel jeweils durch die zwei nebeneinanderliegenden Löcher führen, um die Schraube an der Unterseite wickeln, wieder nach oben zu den nächsten Löchern führen. So fortfahren, bis das ganze Leder festgebunden ist.
4. Zum Spannen der Lederhaut nun 4 cm lange Stücke von Bastelspießen unter die Bänder schieben und so lange verdrehen, bis das Leder straff sitzt. Die Stäbchen werden am Schluß befestigt, indem man sie unter die Bänder steckt.
5. Als Trommelstöcke zwei Bastelspieße nehmen, jeweils an einem Ende einen halben Korken aufstecken.

Dosenrassel

Bastelanleitung

1. Eine Kaffeedose braun anmalen und nach dem Trocknen mit schwarzen Ornamenten verzieren.

2. Dose mit Gries füllen. Den Deckel aufkleben, damit der Inhalt beim Musizieren nicht verstreut wird.

Je nach Füllmaterial – Mais, Reis, Kieselsteine, Erbsen oder Linsen – macht die Rassel unterschiedliche Töne. Auch aus Versandröhren oder anderen Papp- oder Metallröhren, die verschließbar sind, können tolle Instrumente gebastelt werden.

Bunte Blätterbilder

Bilder aus Blättern, Blümchen und Gräsern –
kleine Kunstwerke ganz aus Natur.

Material
- *bunte Blätter*
- *Gänseblümchen*
- *kleine Äste*
- *Gräser*
- *dünne Pappe in Weiß*
- *Klappkarte*
- *kleine Schachtel*

Hilfsmittel
- *Schere*
- *Bleistift*
- *Klebstoff*
- *Pinsel*
- *Löschpapierblätter*
- *Zahnstocher*

Karte mit Herz

Bastelanleitung

1. Rosenblätter zwischen zwei Löschpapierblättern in einem Buch trocknen.
2. Ein Herz auf eine Karte zeichnen,
stückchenweise mit einem Pinsel Klebstoff auftragen, und Rosenblätter aufkleben, eventuell mit einem Zahnstocher
in Position bringen.

Kleines Haus mit Garten

Bastelanleitung

1. Blätter und Gräser zwischen zwei
Löschpapierblättern in einem Buch
trocknen.
2. Ein Haus mit Bleistift auf Pappe
zeichnen.
3. Die einzelnen Formen des Hauses
nach und nach mit Klebstoff bestreichen
und die Blätter aufkleben. Mit einem
Zahnstocher lassen sie sich gut in Position bringen. Die Blätter auf dem Dach
schindelartig übereinanderlegen.
4. Mit kleinen Ästchen Tür und Fenster
und einen Garten anlegen.

Schachtel

Bastelanleitung

1. Alle Seiten einer Schachtel mit kleinen grünen Blättern bekleben.
2. Gänseblümchen in der Mitte
plazieren.

Jede Karte wird durch ein kleines Bild aus
Blättern oder Blüten zu einem persönlichen
Gruß und Geschenk.
Eilige können Efeublätter nehmen, da diese
nicht getrocknet werden müssen.

Mäusedeko

Nicht nur zur Osterzeit:
Tisch- und Raumschmuck aus ausgeblasenen Eiern.

Mäusemobile

Bastelanleitung

1. Ohren und Nasenteile aus Tonpapier oder Fotokarton ausschneiden. Die kleinen Ohrenteile auf die großen kleben.

2. Am Kleberand in gleichmäßigem Abstand Laschen einschneiden. Die Laschen abwechselnd nach vorne und hinten umknicken und die Ohren in der Eimitte festkleben.

3. Die Nase auf das Loch an der Eispitze kleben. Augenpunkte aus schwarzen Locherpunkten anbringen, Mund und Augenbrauen mit schwarzem Filzstift aufmalen.

4. Je fünf Barthaare, etwa 3 cm lang, festkleben. Verschieden lange Kordeln drehen und als Schwänze ankleben.

5. Fäden an den Ohren befestigen, Mäuse als Mobile aufhängen: Zwei Dübelstäbchen, 17 und 27 cm lang, zurechtsägen. Je eine Maus an den vier Enden der Stäbchen festknoten, die Fäden gleich festkleben. Eine Maus mit einem langen Faden in der Mitte des 17 cm langen Stäbchens festknoten.

6. Einen weiteren Faden, 11 cm lang, in der Mitte anbringen und mit dem zweiten Stäbchen verbinden. Den Aufhängefaden am 27 cm langen Stäbchen in der Mitte festknoten und das Mobile ausbalancieren.

Material
- *ausgeblasene Eier*
- *Wollreste in Weiß, Rosa*
- *verschiedene Reste von Tonpapier und Fotokarton*
- *Aufhängefaden in Weiß*
- *Dübelstäbchen, 3 mm Ø, 50 cm lang*

Hilfsmittel
- *Klebstoff*
- *Locher*
- *Filzstift in Schwarz*

Vorlagen
Siehe Seite 84:
Ohren 47a; Nase 47b;
Blüte 47c; Kreisform 47d

Mäusetischschmuck

Bastelanleitung

1. Zunächst Mäuse wie beim Mäusemobile anfertigen.

2. Zusätzlich Blüten aus Papier ausschneiden. Für die Blumenstengel je zwei Streifen, etwa 19 cm lang, 8 mm breit,

aus grünem Tonpapier als Hexentreppe falten. Die Blüte auf die Stengel kleben.

3. Jede Maus auf eine grüne Kreisform kleben. Eine Blume zwischen die Ohren stecken oder kleben.

Flamingo-Mobile

Die Flamingos haben sich fein gemacht: ein origineller
Raumschmuck, an dem groß und klein Freude haben.

Material

- *ausgeblasene Eier*
- *Eierfarben*
- *Rundholzstab, 3 mm Ø,*
  ca. 1 m lang
- *Reste von Fotokarton in*
  Violett, Rot, Weiß, Blau
- *Reste von Tonpapier in*
  Rosa, Gelb
- *kleine Federn*
- *Aufhängefaden*

Hilfsmittel

- *Klebstoff*
- *Klebefilm*
- *Schere*

Vorlagen

Siehe Seite 84:
Kopf 48a; Krawatte 48b;
Flügel 48c
Schwanzfedern 48d, 48e;
Füße 48f

Bastelanleitung

1. Eier violett anmalen, eventuell auch lackieren.

2. Schnäbel aus Tonpapier, alle anderen Formen aus Fotokarton ausschneiden.

3. Schnäbel aufkleben, Schnabellinie und Augen mit schwarzem Filzstift aufmalen. Kopfteile zusammenkleben, dabei unten etwa 5 mm aussparen und an die Eispitze kleben.

4. Für die Beine jeweils zwei 28 x 0,8 cm lange Tonpapierstreifen wie eine Hexentreppe falten, die Enden festkleben und Füße anbringen. Die Beine an das Ei kleben.

5. Schwanzteile aufeinanderkleben und am Ei befestigen. Flügel links und rechts festkleben. Einen Papierstreifen, 8 x 0,8 cm, als Krause um den Hals legen, zusammen mit der Krawatte festkleben. Ein Stirnband schneiden, und Federn festkleben. Ein Hütchen aus einem Papier von 3,5 x 7 cm Größe falten und aufsetzen.

6. Aufhängefäden mit einem dünnen Streifen Klebefilm auf dem Rücken fixieren und das Gleichgewicht auspendeln. Fäden mit Klebstoff festkleben und trocknen lassen.

7. Fünf Rundstäbchen zurechtsägen, viermal 17 cm, einmal 30 cm. Die Flamingos der Abbildung entsprechend zum Mobile aufhängen.

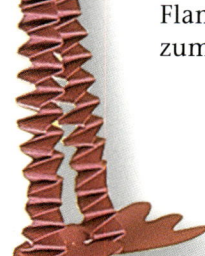

Lichterzauber

Für Freunde romantischer Stunden:
Muschelkerzen und schöne Leuchten.

Material

Kerzen
- *Muscheln, möglichst groß und tief*
- *Kerzenreste*
- *Reste von Wachsmalstiften*
- *Sand*
- *tiefer Teller*

Leuchten
- *Blechbüchsen*
- *Teelichter*

Hilfsmittel

Kerzen
- *Klebstoff*
- *Wäscheklammern*
- *Blechdose*
- *Kochtopf*
- *Topflappen*

Leuchten
- *Hammer*
- *verschieden starke Nägel*
- *Holzleisten in verschiedenen Stärken*

Muschelkerzen

Bastelanleitung

1. Einen tiefen Teller mit Sand füllen. Muscheln in den Sand drücken.
2. Wachs und Docht von Kerzenresten trennen. Den Docht mit Klebstoff an die tiefste Stelle der Muschel kleben. Eine Wäscheklammer auf die Muschel legen und mit ihrer Hilfe den Docht senkrecht halten.
3. Das Wachs in eine Blechdose geben. Wer das Wachs färben möchte, gibt Reste von Wachsmalstiften dazu.
4. Etwas Wasser in einen Kochtopf geben, die Blechdose hineinstellen, und das Wachs so lange im Wasserbad erhitzen, bis es schmilzt.
5. Das heiße Wachs in die Muscheln gießen und erkalten lassen.

Leuchten

Bastelanleitung

1. Eine leere, gut gesäuberte Blechbüchse hinlegen, Holzleisten hineinstecken, so daß der Innenraum möglichst vollständig gefüllt ist und einen Widerstand für Hammer und Nägel bildet.
2. Mit verschieden dicken Nägeln Löcher in die Büchse schlagen. Jüngere Kinder hämmern einfach drauflos, ältere können schon Muster gestalten und die unterschiedlichen Nagelstärken als Gestaltungselement einsetzen.
3. Ein Teelicht in die Dose stellen.

Jüngeren Kindern gelingt die Arbeit leichter auf Grasboden oder im Sand, weil die Büchse auf dieser Grundlage nicht wegrutschen kann. Die Nägel sollten nicht zu lang sein, die Nagelkappen möglichst groß.

Muschelkerzen am besten in eine mit Sand
oder kleinen Steinen gefüllte Schale stellen.
So stehen sie sicher und sehen apart aus.

Tierische Geschenke

Tolle Büchsen für Geschenke!
Da macht das Auspacken besonderen Spaß.

Material
- *Büchsen in verschiedenen Größen*
- *Tonpapierreste*
- *Fotokartonreste*
- *Tapetenreste*
- *Geschenkbandreste*
- *Servietten oder Geschenkpapierreste*

Hilfsmittel
- *Bleistift*
- *Lineal*
- *Maßband*
- *Zirkel*
- *Filz- oder Buntstifte*
- *Wäscheklammern zum Fixieren der Klebestellen*
- *Bürolocher*
- *Klebstoff*

Vorlagen
Siehe Seite 84:
Löwe 49; Schwein 50;
Maus 51; Frosch 52;
Panda 53a, 53b; Küken 54;
Affe 55a, 55b; Seehund 56

Bastelanleitung

1. Büchsen mit Tapeten- oder Tonpapierresten umkleben. Dabei oben einen 2 cm hohen Rand lassen. Den Rand einschneiden, nach innen umknicken und festkleben.

2. Gesichter, Ohren und Mütze für die einzelnen Tiere aus Papierresten ausschneiden und aufkleben.

Die Größen der hier verwendeten Büchsen:
- Panda, Affe, Küken, Seehund: 11 cm hoch, 7,5 cm Ø, 24 cm Umfang, zum Beispiel Erbsenbüchsen
- Löwe: 12 cm hoch, 10 cm Ø, 32 cm Umfang, zum Beispiel Sauerkrautbüchsen
- Schwein, Frosch: 9 cm hoch, 8 cm Ø, 27 cm Umfang, z. B. Maisbüchsen
- Maus: 8,5 cm hoch, 7,5 cm Ø, 24 cm Umfang, zum Beispiel Mandarinenbüchsen

Auch Behälter von Waschmitteln oder Kaffee eignen sich gut zum Verpacken von Geschenken oder zum Aufbewahren von Kleinigkeiten.

Schnelle Fische

Wer ist schneller: Fische oder Fischer?
Ein Spiel, bei dem es auf die Reaktion ankommt.

Material
- *Plastikbecher, ca. 12 cm Ø*
- *alte Heftumschläge*
- *Pappe*
- *Obstnetz*
- *Schnur*

Hilfsmittel
- *Klebstoff*
- *Schere*
- *Bleistift*
- *Locher*
- *Klebeband*

Vorlage
Siehe Seite 84: Fisch 57

Bastelanleitung

1. Fische aus Pappe ausschneiden. Jeden Fisch auf einen Plastikumschlag kleben und ausschneiden. Augen und Muster aufkleben. Am Maul mit dem Locher ein Loch anbringen, eine etwa 30 bis 40 cm lange Schnur anknoten.

2. Fische auf einen Plastikbecher kleben. In die Mitte des Fangbechers mit der Schere ein Loch bohren, zwei weitere Löcher links und rechts vom ersten anbringen.

3. Durch das mittlere Loch ein Obstnetz stecken, innen verknoten. Das Netz herausziehen und über den Becher spannen. Am unteren Rand innen mit Klebeband befestigen. Durch die beiden anderen Löcher eine Schnur fädeln und innen verknoten.

Spielidee

Die Kinder sitzen im Kreis um einen Tisch oder auf dem Boden. Alle Fische liegen dicht nebeneinander in der Mitte. Jedes Kind hält einen Fisch an der Leine. Der Fischer mit dem Fangbecher spricht: „Ich hab' gefischt, ich hab' gefischt und habe keinen/einen Fisch erwischt!" Alle sind bemüht, ihren Fisch vor dem Fischernetz zu retten. Wer es schafft, ist auch in der nächsten Runde noch dabei.

„Dünne Fische" eignen sich auch gut als Lesezeichen.

Spaziertiere

Wer diese Tiere spazierenführt, wird sich wundern, wie beweglich sie sind.

Material

Grünes Ungeheuer
- Schaumgummireste
- Reste von Moosgummi, Plastik, Papier oder Karton
- Federn
- Stieldraht
- Perle
- Farbenrest in Grün

Rosa Wundertier
- Schaumgummireste
- Reste von Moosgummi, Plastik, Papier oder Karton
- Federn
- Knöpfe
- Baumwollfäden
- feines Kordelgummiband, 40 – 50 cm

Hilfsmittel
- Klebstoff
- dicke lange Nadel
- Schere
- Pinsel

Vorlagen
Siehe Seite 84: grünes Ungeheuer 58a – 58g

Grünes Ungeheuer

Bastelanleitung

1. Körperformen aus Schaumgummi ausschneiden. Vollständig grün anmalen. Farbe gut trocknen lassen.
2. Die Beine an den Körper stecken.
3. Zur weiteren Ausgestaltung Reste verwenden: Dreiecke auf den Rücken und an die Beine kleben. Augen und Zähne anbringen. Zunge und kleine Dreiecke an den Unterkiefer kleben.
4. Den Unterkiefer unten an den Kopf kleben oder binden.
5. Einen Draht durch den Oberkiefer stecken und unten umbiegen. Am oberen Drahtende eine Perle als Griff ankleben.
6. Eine rote Feder gibt dem Tier ein lustiges Aussehen.

Rosa Wundertier

Bastelanleitung

1. Für den Körper einen Streifen aus Schaumgummi schneiden, 5 bis 6 cm breit, 5 cm dick, 35 bis 50 cm lang. Auf dem Rücken Wellen einschneiden.
2. Viele kleine Punkte, so groß wie ein Zweipfennigstück, aus Resten aufkleben. Auf den Kopf zwei kleine Locherpunkte und zwei Zähne kleben.
3. Zwei Büschel aus feinen Streifen (Moosgummi, Plastik oder Papier) und Federn binden. Als Kopfputz und Schwanz anbringen.
4. Vier Baumwollfäden, 25 cm lang, quer durch den Körper ziehen. Die Einstiche sind 1 cm vom unteren Rand entfernt. So entstehen acht Beine. An jedes Bein einen Kreis aus Moosgummi, Plastik oder Pappe oder auch einen Knopf fädeln, mit einem Knoten fixieren.
5. Ein Gummiband an Kopf und Schwanz festknoten.

- Bis zu einer Stärke von 3 cm läßt sich Schaumgummi mit der Schere schneiden, für dickeres Material ist ein elektrisches Küchenmesser sehr gut geeignet.
- Tiere aus Schaumgummi sind besonders beweglich: Man braucht am Führungsdraht oder am Gummiband nur etwas zu rütteln, schon überträgt sich die Bewegung auf die Tiere. Deshalb wählt man zum Ausgestalten am besten Dinge, die weich und biegsam sind, wie Federn, Moosgummi- oder Plastikstreifen und Fadenbeine.

Tischtheater-Tiere

Hier tanzen die Tiere auf dem Tisch und spielen Theater.

Material
- *Schaumgummireste, bis 1 cm dick, z. B. Verpackung von Weintrauben*
- *Baumwollfäden*
- *Stoffreste*
- *Gummifaden*
- *Farbenreste*

Hilfsmittel
- *Pinsel*
- *Schere*
- *Nadel*
- *Faden*
- *Klebstoff*

Vorlagen
*Siehe Seite 84:
Kopf 59a; Körper 59b;
Schwein 60a – 60c;
Hund 61a, 61b;
Katze 62a – 62c*

Bastelanleitung

1. Köpfe, Tierkörper, Schnauzen, Augen, Ohren nach den Vorlagen aus dünnem Schaumgummi ausschneiden. Für die Beine Rechtecke, 5 x 4,5 cm, verwenden.
2. Die Formen anmalen, gut trocknen lassen, dann zusammenkleben.
3. Im unteren Bereich der Körper zwei Schlitze für die Finger anbringen. Auf der Rückseite verstärken.
4. Die Rechtecke für die Beine zu Schläuchen zusammennähen, so daß Zeige- und Mittelfinger zur Hälfte hineinpassen.
5. Aus Baumwollfäden Schurrhaare für die Katze anfertigen. Schleifen binden oder aufkleben.
6. Auf der Rückseite eventuell einen Gummifaden anbringen, um die Tiere an der Hand zu befestigen.

Die lustigen Tierpuppen sind gern gesehene kleine Geschenke von Kindern für Kinder. Sie eignen sich für ein Tischtheater, aber auch für ein Kaspertheater.

Schmetterlings-Spiel

Ein buntes Bewegungsspiel mit schnellen Schmetterlingen
für klein und groß.

Material
- *bunte Topfkratzer*
- *bunte Obstnetze*
- *2 Fliegenklatschen*
- *Plastikband*

Hilfsmittel
- *Klebeband*
- *dünner Draht oder Faden*
- *Schere*

Bastelanleitung

1. Für die Schmetterlinge Topfkratzer in
etwa 4 bis 5 cm lange Walzen schneiden.
Mit einem Stück Obstnetz überziehen,
vorne und hinten mit Draht oder Faden
verschließen.

2. Für die Flügel ein 3 x 5 cm großes
Stück Obstnetz zuschneiden und in der
Mitte mit Draht oder Faden zusammenziehen. Flügel am Schmetterlingskörper
andrahten oder anknoten. Drahtenden
nach innen biegen.

3. Aus zwei Fliegenklatschen das Gitter
herausschneiden, so daß nur der Rand
mit dem Stiel übrigbleibt.

4. Mit einem Band ein Obstnetz am
Rand befestigen. Die Enden am Stiel
sauber mit Klebeband ankleben. Am
Stiel einen Schmetterling anbringen.

Spielideen

- Die Kinder werfen den Schmetterling
  mit der einen Hand in die Luft und
  versuchen, ihn mit dem Netz in der
  anderen Hand zu fangen.
- Zwei Kinder spielen paarweise: Aus
  einer bestimmten Entfernung wirft ein
  Kind dem anderen Schmetterlinge zu.
  Wer fängt die meisten Schmetterlinge?

Wird das Schmetterlingsspiel verschenkt,
eignet sich als Verpackung besonders gut ein
Zwiebel- oder Kartoffelnetz.

Pompon-Tiere

Zum Liebhaben und zum Spielen: kuschelige Tiere aus bunter Wolle.

Material

- Wollreste in verschiedenen Farben
- Tonpapierreste in verschiedenen Farben
- Pappe
- Bastelspieß

Hilfsmittel

- dicke, stumpfe Nadel
- Klebstoff
- Schere
- Locher
- weiße Farbe

Vorlagen

Siehe Seite 84:
Igel 63a, 63b;
Schnecke 64a, 64b;
Fisch 65

Bastelanleitung

1. Eine Kreisform auf Pappe zeichnen, zum Beispiel um ein Glas herum. In die Mitte dieser Kreisform im Abstand von etwa 2 cm einen kleineren Kreis zeichnen. Den Ring ausschneiden und den Rand einmal durchschneiden. Einen zweiten, gleich großen Ring herstellen, und die beiden Ringe, mit den Schlitzen versetzt, aufeinanderlegen.

2. Einen langen Wollfaden doppelt in eine dicke stumpfe Nadel fädeln. Den Ring mit dem Faden umschlingen, bis das Loch in der Mitte zu ist.

3. Eine Schere zwischen die beiden Scheiben schieben. Die Wollfäden am äußeren Rand durchschneiden und mit einem doppelten Faden zwischen den beiden Scheiben in der Mitte zusammenbinden. Die Scheiben herausziehen. Den Pompon in Form schneiden.

Igel: Einen grauen Pompon mit etwa 10 cm Ø und einen schwarzen mit etwa 2 cm Ø herstellen. Aus grauem Tonpapier Beine und Kopf ausschneiden. Den großen Pompon auf die Beine kleben, den kleinen als Nase auf den Kopf. Aus schwarzem Tonpapier Augen schneiden und aufkleben, eine weiße Pupille auftupfen. Den Kopf in den großen Pompon kleben.

Schnecke: Aus ockerfarbener und brauner Wolle einen Pompon mit etwa 10 cm Ø herstellen. Dabei abwechselnd einen Faden in Ocker und einen in Braun wickeln. Aus Tonpapier zweimal einen Kopf mit Hals und einmal einen Untergrund ausschneiden. Augen und Fühler ausschneiden und aufkleben. Zwischen die beiden Halsteile zur Stabilisierung einen Bastelspieß stecken. Pompon und Kopf mit Hals auf das Unterteil kleben.

Raupe: Aus grüner Wolle sieben Pompons mit etwa 2 cm Ø herstellen. An den Fäden zusammenbinden. Aus grünem Tonpapier eine Kreisform mit etwa 3 cm Ø ausschneiden. Das Raupengesicht mit ausgestanzten Augen und einem Mund ausgestalten.

Fisch: Aus bunten Wollresten einen Pompon mit etwa 10 cm Ø herstellen. Aus gelbem Tonpapier eine Fischform ausschneiden. Für die Augen weiße Kreise mit 1 cm Ø ausschneiden, dazu einen Pfennig als Schablone nehmen. Augen mit einer schwarzen Pupille aufkleben. Den Pompon durch die Öffnung im Körper ziehen. Die obere Flosse lochen und mit einem Aufhängefaden versehen.

Fingerakrobaten

Ein tolles Geschenk von Kindern
für kleine und große Leute mit Geduld und Geschick!

Material
- *Fingerhandschuhe*
- *Gardinenring aus Holz*
- *Stoff- oder Filzrest in Hautfarbe*
- *Stoffreste für Schleifen*
- *Wollreste*

Hilfsmittel
- *Filzstifte*
- *dicke Nadel*
- *Schere*
- *Klebstoff*

Bastelanleitung

1. Für jeden Handschuh fünf unterschiedlich große Gesichter aus hautfarbenem Stoff ausschneiden und auf jeden Finger des Handschuhs kleben.
2. Augen, Mund, Nase aufmalen. Wollfäden als Haare über dem Gesicht durchziehen und zweimal verknoten. Ebenso Schnurrbärte anbringen.
3. Für Fliegen und Haarschleifen einen Stoffstreifen, etwa 2 x 3 cm, zuschneiden. Den Stoff in der Mitte mit einem Faden zusammenraffen. Den Faden verknoten und die Fliege oder Schleife aufnähen.
4. Auf dem Handteller einen etwa 25 cm langen Faden annähen. Am anderen Fadenende einen Holzring festknoten.

Spielidee

Der Handschuh wird angezogen. Dann wird der Ring in die Luft geworfen, und man versucht, ihn mit einem Finger aufzufangen. Da sind Geduld und Geschick gefragt!

Je länger die Schnur ist, desto schwieriger wird es. Für kleine Kinder wird das Spiel einfacher, wenn man einen größeren Ring anbringt, durch den die ganze Hand paßt.

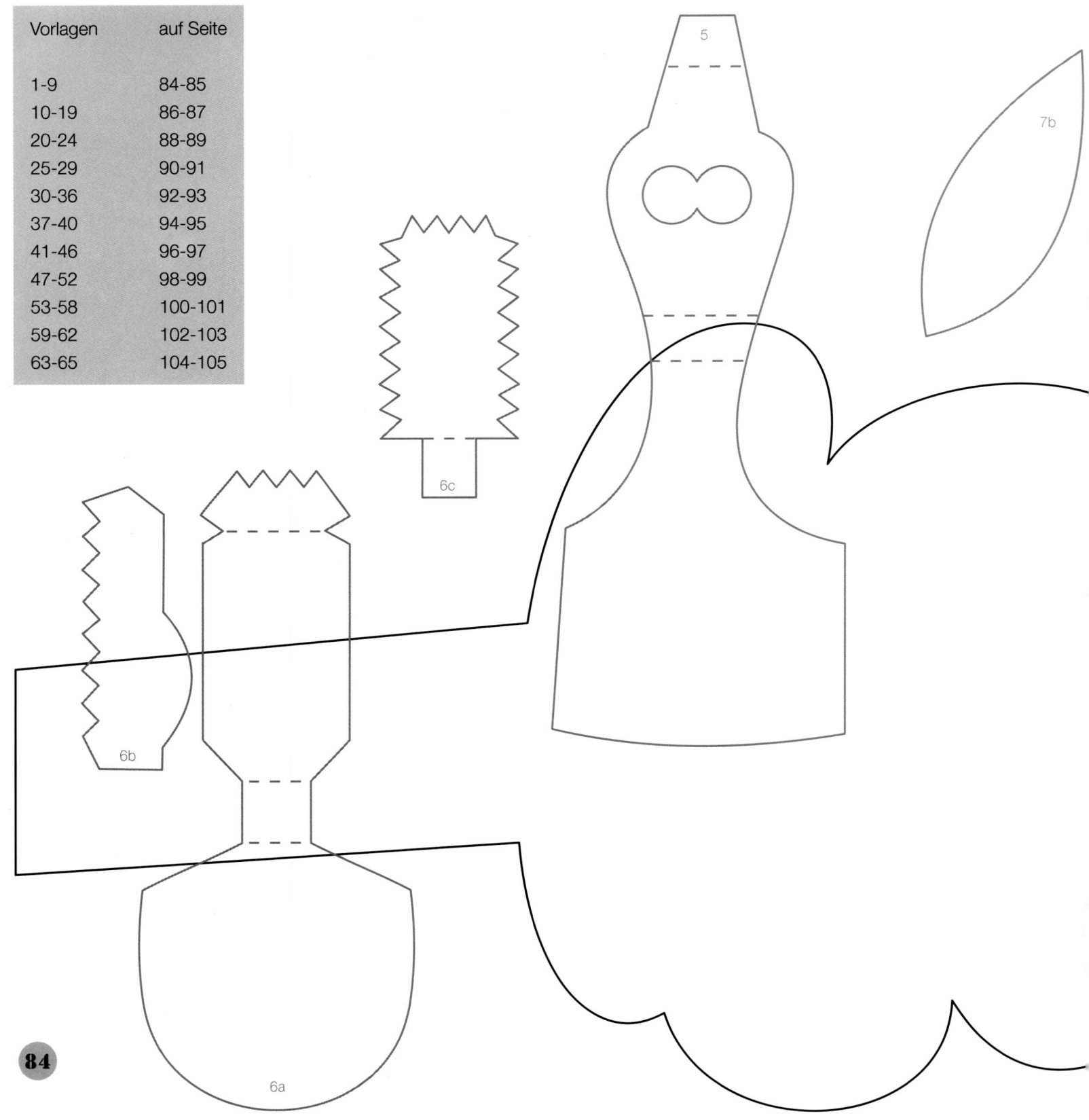

Vorlagen	auf Seite
1-9	84-85
10-19	86-87
20-24	88-89
25-29	90-91
30-36	92-93
37-40	94-95
41-46	96-97
47-52	98-99
53-58	100-101
59-62	102-103
63-65	104-105

5

7b

6c

6b

6a

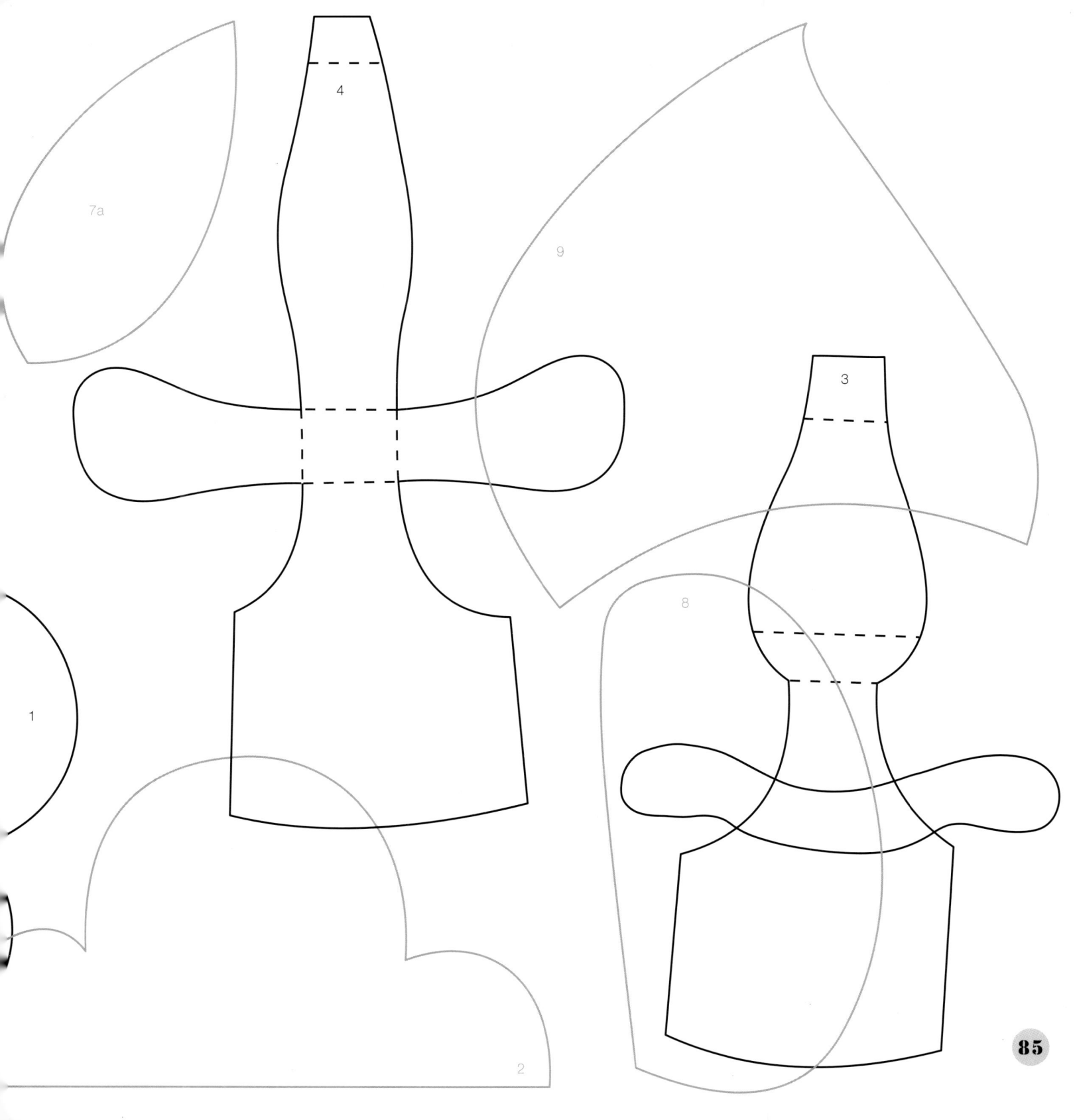

16a

19c

17a

19b

16b

17d

19a

17b

17c

15a

15b

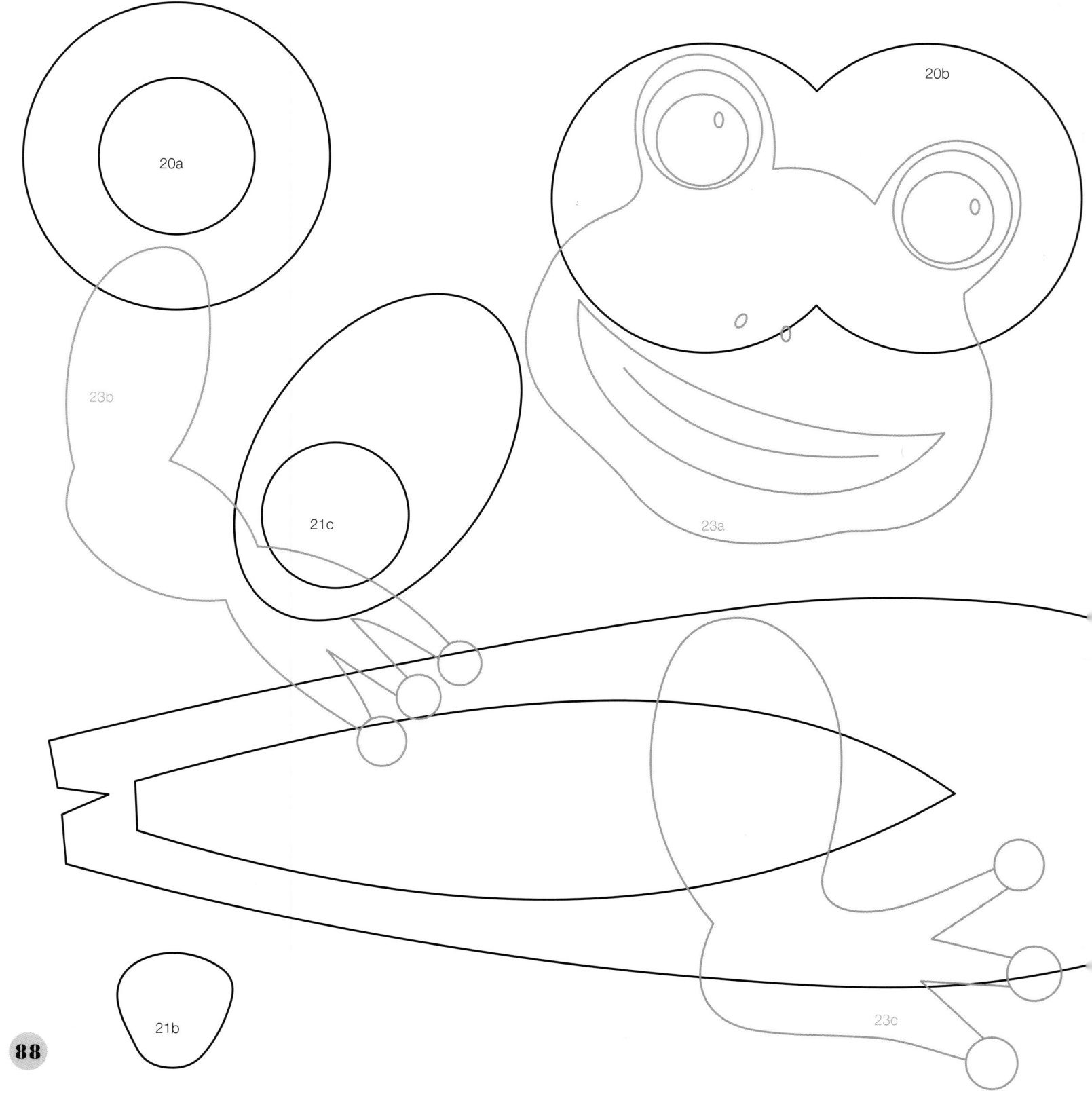

20a

20b

23b

21c

23a

88

21b

23c

22a

22e

22d

24a

22b

24b

22f

21a

22c

24c

24d

28a

25a

25c

25b

28b

28d

25

28c

27

26a

29e

26c

29a

29b

26b

29d

26d

26e

29c

91

30a

33

30b

34

30f

30c

30d

30e

31a

35

31d

31b

32

36

31c

37e

39a

37b

40c

37c

39c

37d

37a

39b

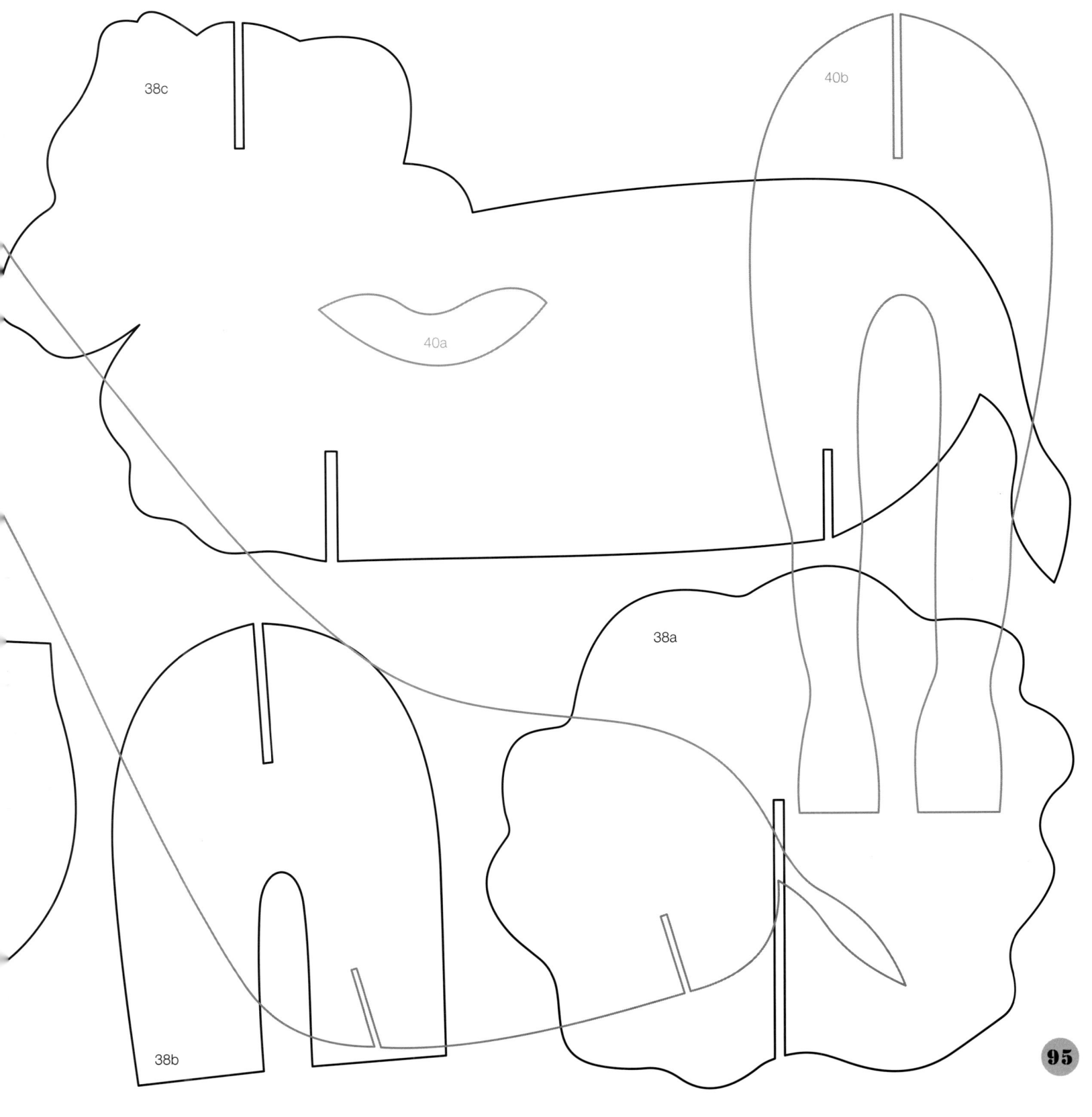

38c

40b

40a

38a

38b

95

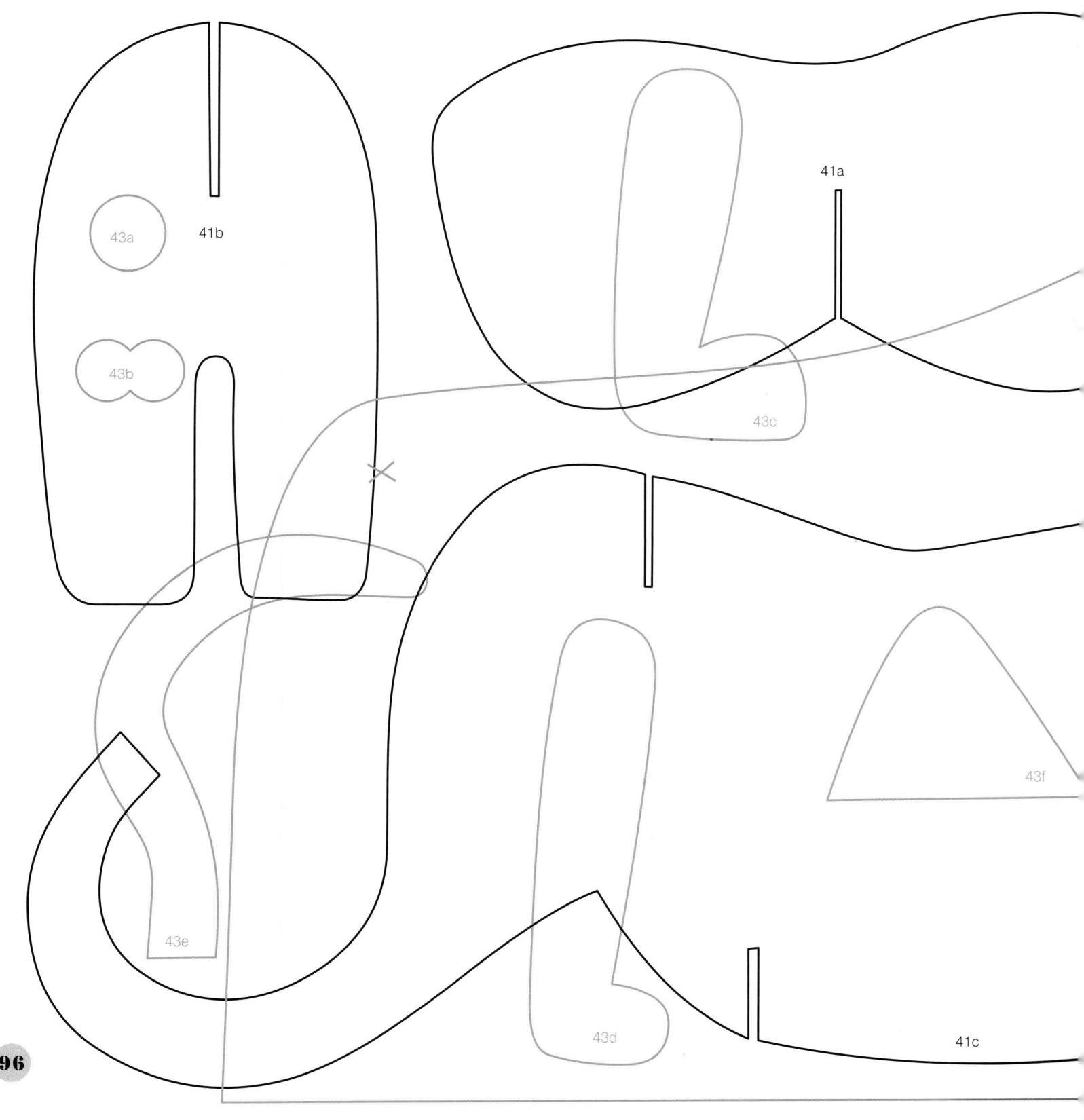

41a

41b

43a

43b

43c

43e

43d

43f

41c

42b

46

44

45

42a

47c

49

47b

47a

47d

51

48a
2x

48d

48e

48f
2x

52

50

48c
2x

48b

99

53a

58b

54

57

53b

100

55b

58a
2x

55a

58e

58f

58d

58c
2x

58g

56

101

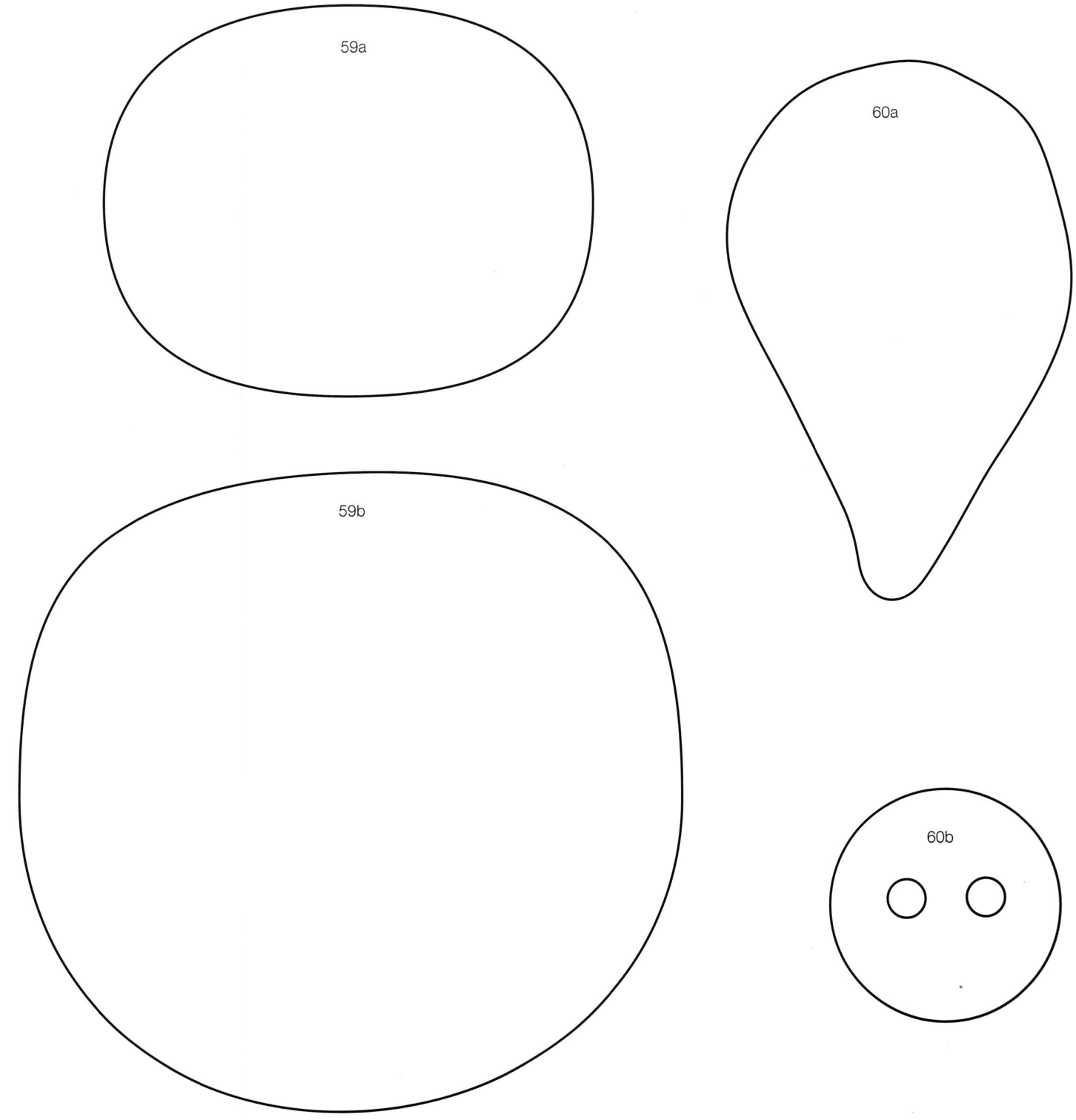

59a

60a

59b

60b

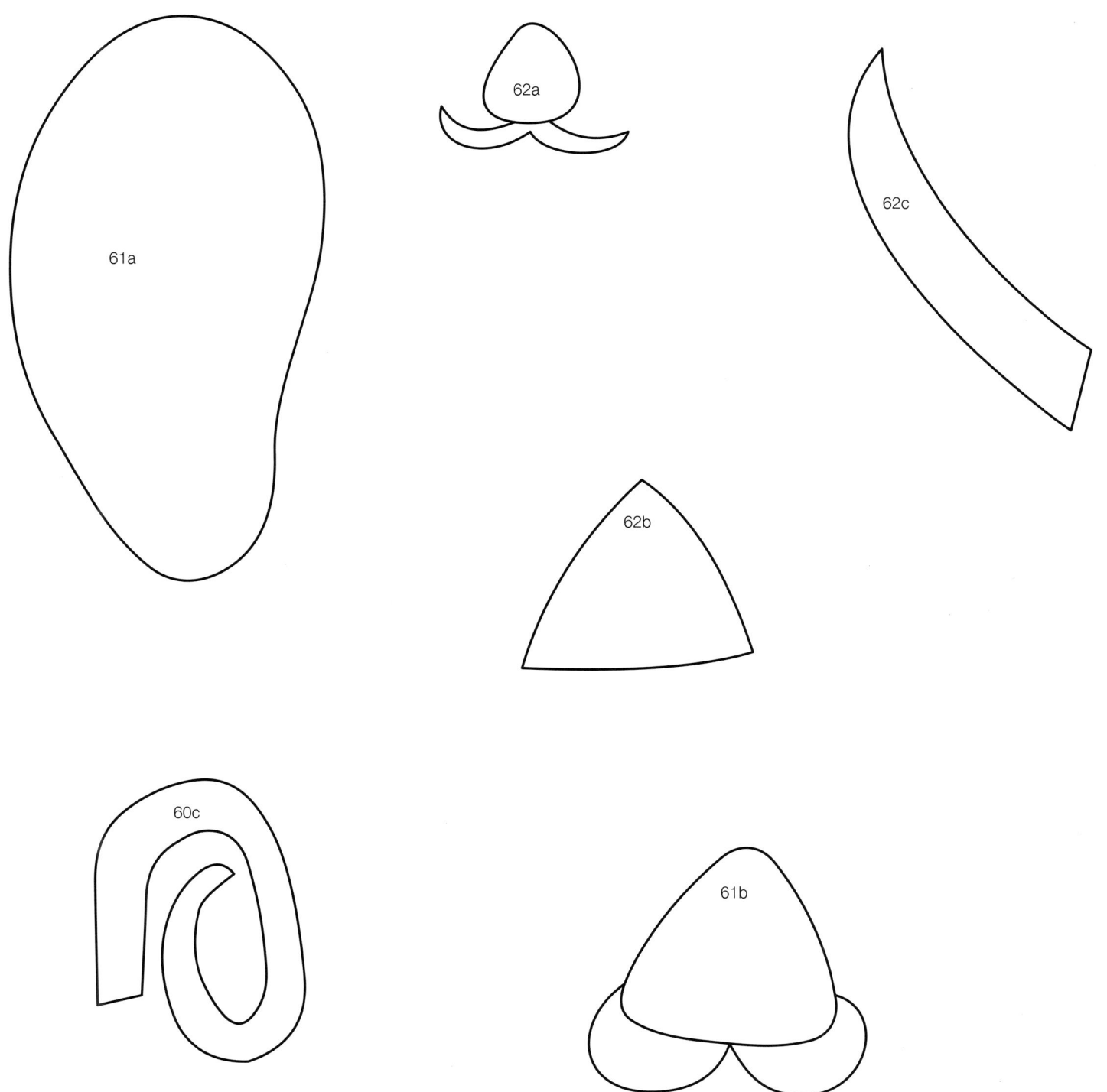

61a

62a

62c

62b

60c

61b

63a

64a

63b

104

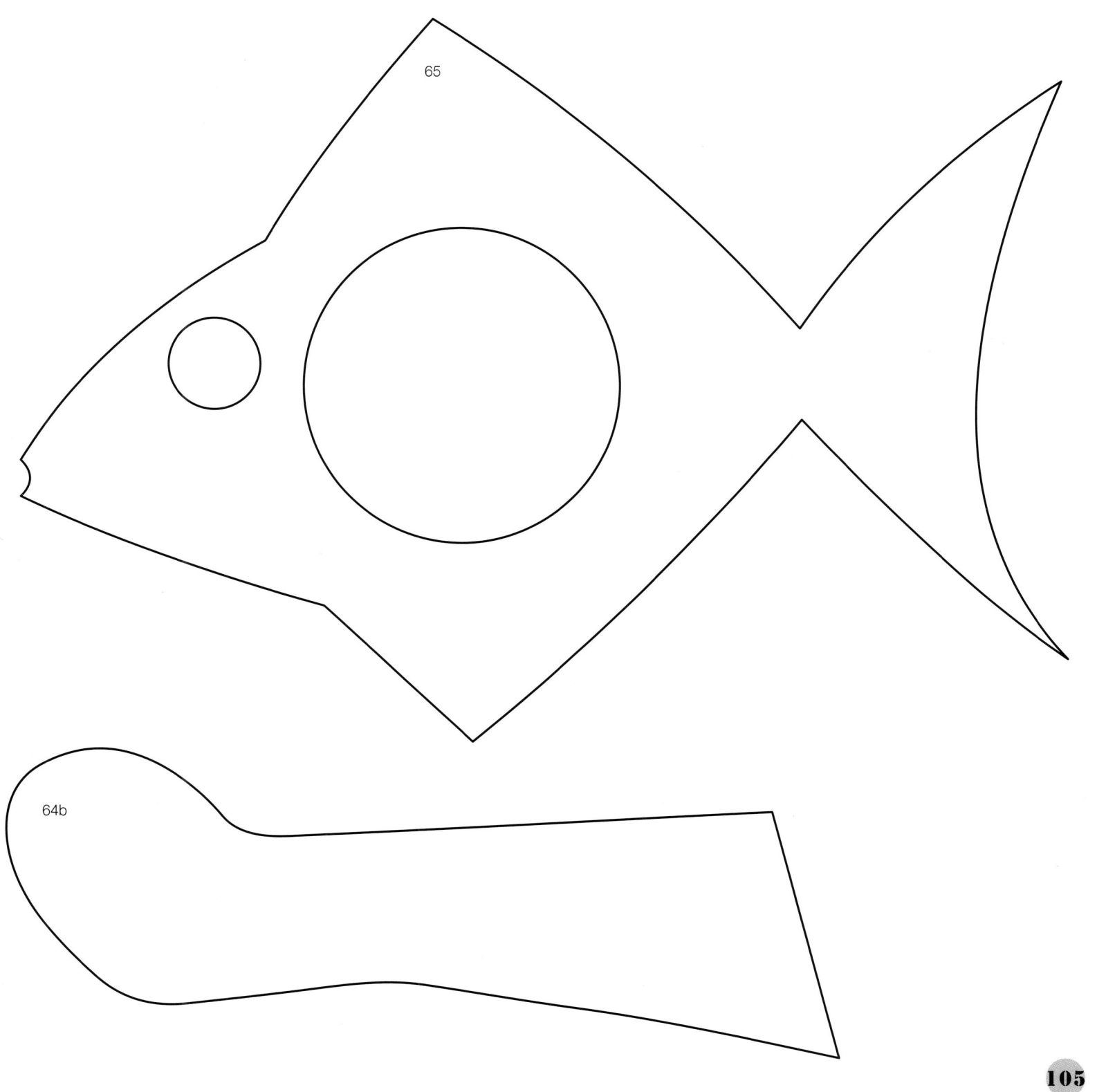

65

64b

105

Hier zeigen wir Ihnen eine Auswahl unserer beliebten und erfolgreichen Bücher - und wir haben noch viele andere im Programm.
Wir informieren Sie gerne,
fordern Sie einfach unsere Themenprospekte an:

☐ Bücher für Ihre Kinder:

Basteln, Spielen und Lernen mit Kindern

Wir sind für Sie da, wenn Sie Fragen zu AutorInnen, Anleitungen oder Materialien haben.
Und wir interessieren uns für Ihre eigenen Ideen und Anregungen. Faxen Sie, schreiben Sie oder
rufen Sie uns an.
Wir hören gerne von Ihnen!
Ihr Christophorus-Verlag

CHRISTOPHORUS
Bücher mit Ideen

Hermann-Herder-Straße 4
79104 Freiburg i. Breisgau
Telefon: 0761 / 2717-268 oder
Fax: 0761 / 2717-352

Bücher zum textilen Handarbeiten:
Sticken, Häkeln und Patchwork

Bücher für Ihre Hobbys:
Stoff- und Seidenmalerei, Malen und
Zeichnen, Keramik, Floristik

Die Autorinnen

Marlies Blank wohnt mit ihrem Mann und ihrem Sohn in München. Sie ist Mode-, Graphik- und Textildesignerin. Seit einigen Jahren arbeitet sie im Kreativbereich für Zeitschriften. Von ihr sind die Modelle auf den Seiten 10 bis 19, 24 bis 27, 32/33, 36/37, 46 bis 55, 60 bis 63 und 80/81.

Bärbel Merthan, die mit ihrer Familie im Landkreis Garmisch lebt, ist Erzieherin und leitet einen Kindergarten. Bereits seit mehreren Jahren ist sie Autorin einer pädagogischen Fachzeitschrift. Nebenbei arbeitet sie in der Erwachsenenbildung. Sie hatte die Ideen für die Seiten 56/57, 72 bis 81 und 82/83.

Monika Neubacher-Fesser wohnt mit ihrer Familie in Hannover. Sie ist Grafikerin und Illustratorin und seit einigen Jahren auch Autorin im Kreativbereich. Im Christophorus-Verlag sind von ihr bereits mehrere Titel zu beliebten Kinderthemen erschienen. Sie hat die Objekte auf den Seiten 20/21, 28/29 und 58/59 gebastelt.

Sonja Prohaska, Industriekauffrau, lebt mit ihrem Mann und ihren zwei Kindern in Alpirsbach. Schon seit Kindertagen bastelt sie mit Begeisterung. Sie hat die Modelle für die Seiten 64 bis 67 und 70/71 entworfen.

Anja Ritterhoff arbeitete einige Jahre als Erzieherin in einem Kindergarten in Hamm. Zur Zeit gibt sie Kurse für Kinder und malt lustige, fröhliche Kinderbilder. Sie hat die Knuddeltiere auf Seite 34/35 gestaltet.

Dorothea Siegert-Binder hat zwei Töchter und lebt in Bahlingen am Kaiserstuhl. Nach einer Ausbildung als Dekorateurin studierte sie Spielzeuggestaltung. Seit vielen Jahren gibt sie Kurse für Kinder und Erwachsene im kreativen Bereich. Von ihr sind die Modelle auf den Seiten 22/23 und 38 bis 43.

Martha M. Steinmeyer lebt mit ihrer Familie in Winterbach. Sie ist Erzieherin und war einige Jahre in einem Kindergarten tätig. Jetzt arbeitet sie als Kursleiterin für Spiel- und Eltern-Kind-Gruppen und als Autorin für kreative Themen. Sie hatte die Ideen für die Seiten 30 bis 31, 44/45 und 68/69.

© 1997 Christophorus-Verlag GmbH
Freiburg im Breisgau

Alle Rechte vorbehalten -
Printed in Belgium

ISBN 3-419-52886-8

Jede gewerbliche Nutzung der Arbeiten und Entwürfe ist nur mit Genehmigung der Urheberinnen und des Verlages gestattet. Bei Anwendung im Unterricht und in Kursen ist auf dieses Buch hinzuweisen.

Styling und Fotos:
Christoph Schmotz, Freiburg
Zeichnungen: Uwe Stohrer, Freiburg
Umschlaggestaltung und Layoutentwurf:
Network!, München
Layout und Gesamtproduktion:
Print Production, Umkirch
Herstellung: Proost, Turnhout 1997